KB275646

대한민국 리스크 – 보안편

스마트 위험사회가 온다

차례
Contents

프롤로그 : 스마트 시대, 정보보호의 의미

　지금은 ICT(Information and Communication Technology)
를 활용하여 새로운 가치가 창출되면서 우리의 삶의 형태가 바
뀌고 있는 스마트 시대다. 소프트웨어나 하드웨어에서 스마트
(Smart)라는 개념은 지금까지는 기대할 수 없었던 정도의 정보
처리능력을 가지고 있다는 뜻이다. 지능형(intelligent)이라는 용
어와 같은 의미로 이해할 수 있다. 요즘 우리 주변에서 많이 볼
수 있는 지능형 휴대폰 '스마트폰'이 대표적인 사례다.

　우리는 기존보다 지능화된 정보단말기를 활용해 업무의 효
율성을 높이고 있다. 또한 스마트 자동차를 이용하여 교통 혼
잡을 피해 목적지까지 안전하면서도 빠르게 도착할 수도 있게
됐다. 다시 말해 '스마트' 기능은 모든 상황을 고려하고 인지해

이용자에게 최적화된 서비스를 제공하고 있다. 머지않은 미래에는 스마트 시티(Smart City)도 현실화될 것이다.[1]

SF영화에서나 가능하던 일이 실제로 일어나고 있다. 지구 반대편에서 살고 있는 친구와 실시간으로 문자뿐 아니라 사진과 동영상도 주고받을 수 있다. 최근에는 스마트폰과 함께 일반화되고 있는 소셜 네트워크 서비스(SNS, Social Network Service)의 보급으로 사이버 공간에서의 인맥 만들기가 유행이 되고 있다.

그러나 모든 편리함 속에는 그에 따르는 문제점이 있기 마련이다. 이 책에서 다루려는 정보보호 이야기가 바로 그것이다. 문명의 발달에 따라 인류는 다양한 혜택을 누리며 살아왔다. PC나 인터넷의 발명은 18세기 증기기관의 발명이 가져온 산업혁명과도 같은 또 하나의 혁신적인 변화를 가져왔다. IT혁명으로 불린 새로운 변화는 우리의 삶을 한층 업그레이드시켰다. 하지만 산업문명 발달에 따른 지구환경 오염문제가 심각해진 것같이 IT의 발달과 정보사회로의 진입이 가져다준 혜택만큼이나 다양한 역기능 문제가 산적해 있다.

여기서는 최근의 스마트 사회로 진입한 정보화 패러다임 환경에서 발생하고 있는 다양한 정보보호문제를 알기 쉽게 이야기하려고 한다. 우선 정보보호가 무엇인지를 이해하고, 우리 사회의 정보보호의 특징과 주요 이슈를 통해 정보사회의 문제들을 정보보호의 측면에서 살펴볼 것이다.

다음으로 안전한 스마트 생활을 즐기기 위한 분야별 수칙과 개인정보보호의 중요성에 대해 소개한다. 이어 우리나라의 정보보호 수준과 현황을 논하고, 국외 주요 선진국들의 동향과 스마트 사회의 정보보호를 위한 이야기를 살펴본다. 끝으로 우리나라의 정보보호 관련 조직을 소개하겠다.

이 책이 여러분들의 안전하고 즐거운 스마트 생활에 도움이 될 수 있기를 바란다.

정보화 사회의 빛과 그림자

정보보호란 무엇인가?

인터넷을 사용하는 사람이라면 정보보호가 중요하다는 말은 들어 봤을 것이다. 언론에서는 인터넷 웹사이트에서 개인정보가 유출됐다든지, 중국발(發) 해킹으로 기업의 산업기밀정보가 해킹(hacking)[2]되어 국부의 유출이 심각하다고 떠들썩하게 보도하기도 했다.

정보보호란 일반적으로 정보주체가 의도하지 않은 정보의 누출, 변경, 파괴를 방지하는 것을 말한다. 즉 우리가 PC에 저장해 놓은 문서, 이메일, 사진, 부가가치가 높은 저작물 등 정보 데이터를 이용자인 정보주체자의 의사와 무관하게 정보를 빼내

가거나 사용하지 못하도록 하거나 정보를 삭제해 버리는 행위를 기술적이고 관리적 측면에서 방지하는 일련의 행동을 의미한다.

흔히 정보를 빼내려고 공격하는 행위와 정보를 보호하는 것을 창과 방패에 비유하곤 한다. 이것은 정보보호가 공격에 대한 방어라는 개념이 강하기 때문일 것이다.

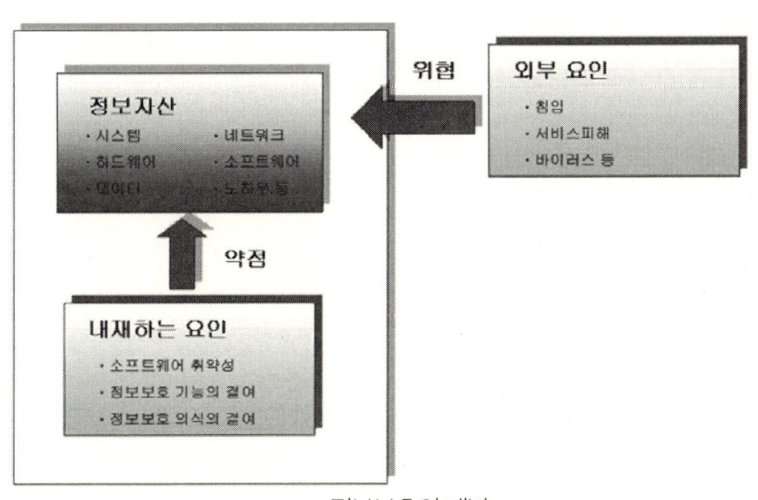

정보보호의 개념

'정보보호의 개념'을 도식화한 그림을 보자. 정보자산이란 우리가 작성하거나 축적한 정보데이터를 말한다. 이러한 자산에 대한 내·외부적 공격이 가해질 수 있는데, 이것에 대한 보호가 정보보호다.

정보를 탈취하려는 자는 내부에도 외부에도 있을 수 있는데, 내부자의 경우는 기업의 종사자가 업무상 취득한, 또는 접근 가능한 정보를 외부로 유출하는 경우를 생각할 수 있다. 외부자의 경우는 해킹을 통한 네트워크상의 침입, 바이러스나 웜에 의한 공격 등이 있다. 바이러스나 웜에 대해서는 뒤에 차례로 설명하기로 한다.

정보를 활용하는 주체는 개인과 조직으로 나뉜다. 정보주체가 다루고 있는 정보의 양이나 가치의 정도에 따라 보호의 수준도 달라진다.

개인용 PC에 저장된 정보를 보호하기 위한 조치로는 가장 간단히 PC의 운영 시스템(OS)에 대한 패치의 업데이트, 패스워드의 주기적인 변경, 백신 프로그램 설치 및 정기 업데이트 정도면 충분하다.

조직의 경우, 특히 큰 규모의 기업에는 내부적으로 운영되는 인트라넷을 사용하는 경우가 많다. 또한 주요 자료를 저장하는 서버가 다수 존재한다. 따라서 다양한 보안조치가 요구된다.

우리 사회 곳곳이 정보화되면서 작게는 개인에서 크게는 기업, 국가단위까지 어느 한 곳도 IT를 활용하지 않는 곳이 없을 정도다. 그에 따라 IT 의존도도 높아졌다. 지금 이 글을 읽고 있는 독자의 경우만을 생각해도 그렇다.

'손 안의 PC'라 불리는 스마트폰을 사용하고 있을 테고 아마도 스마트폰에 저장된 주소록, 메일, 사진, 음악파일 등이 한순간에 없어지면 무척 당황할 것이다. 설마라고 생각할지 모르지만 실제로 어느 순간 우리 사회의 모든 정보가 일시에 사라져 버리는 것이 이론적으로 가능하다. 하지만 너무 걱정할 필요는 없다. 습관적이고 일상적인 보안조치들을 통해 자신의 정보를 충분히 보호할 수 있다.

우리 사회 정보보호 위협의 특징

우리 사회의 정보보호 위험 증가요인과 특징을 몇 가지 살펴보면 다음과 같다.

첫째, 신기술과 신제품 개발 시 서비스와 보안에 대한 인식의 불균형이다. 대부분의 정보기술제품 개발 시 이용의 편리함과 서비스에만 중점을 두고 보안에는 신경을 쓰지 않는 것이 현실이다. 이는 비즈니스 환경 및 기술발전의 변화속도가 빨라지고 있는 환경 속에서 경쟁우위를 달성하기 위해 안정성의 제공보다는 새로운 기술의 빠른 도입 및 신속한 서비스 제공에만 집중했기 때문에 생긴 현상이다. 새로운 정보기술은 대부분 편리한 서비스와 비즈니스 요구사항의 충족을 우선시하고 있으며 보안 부분은 상대적으로 고려하지 않았기 때문에 잠재적인 위험이 상존하고 있다.

둘째, 독특한 한국적 관행도 한몫을 하고 있다. 우리 사회에는 압축적 고속성장을 중요시하는 성장중심주의와 세계 최초를 중시하는 업적중심주의, 관리당국의 도덕적 해이 및 형식주의, 위험에 대한 불감증과 같은 한국적 특수성과 관행이 존재한다. 이러한 전근대적 관행은 최첨단 네트워크의 정보위험을 증폭시키고 있다. 반면 미국, 유럽연합, 일본 등 선진국들은 상대적으로 정보기술개발에 있어 신속성보다는 안전을 중시하며 더디 가도 안전하게 가자는 신중한 입장을 취하고 있다.

셋째, 사전적 보안조치에 대해 간과하는 태도다. 사전적 보안

조치보다는 사후적 대응에 집중해 왔던 기존의 정보보호 패러다임과 사회적 합의 과정에 대한 무시는 결과적으로 우리 사회를 장기적인 정보위험에 노출시켰다. 미국은 IT시스템 구축 시 사전영향평가를 하고 정보보호 및 프라이버시 조치를 동시에 진행할 것을 의무화하고 있으며, OECD는 2001년 발표한 정보보호 관련 주요 지침에서 정보화 사업을 평가할 때 정보보호 수준을 사후적으로 평가하는 것을 절대 금하고 있고, 최소한 동시에 고려해서 추진해야 함을 권고하고 있다. 우리나라는 아직까지 사후적 대응에 집중하고 있는 상황이다. 최근 들어 기술영향평가, 개인정보영향평가 제도 등을 도입하고 있지만 실제 운영상에 많은 문제점을 노출하고 있으며 제도적 결함 때문에 아직 활성화되고 있지 못한 상황이다.

넷째, 위험관리를 위한 기술적·법적 시스템의 미비함이다. 사회적으로 정부, 기업, 개인의 리스크를 효과적으로 처리할 수 있는 기술적·법적 시스템이 미비한 실정이다. 개인정보보호와 관련해서는 관련 기본법이 이제야 만들어진 상황이며, 정보보호와 위기관리에 대한 법률은 여러 개별법에 산재해 있고, 집행기관도 나뉘어 있는 상황이라 심각한 국가적 정보위험 상황 발생 시 효과적인 집행을 하는 데 어려움이 있다. 기술적인 부분도 아직은 네트워크나 시스템 등의 개별 IT자원들을 보호하는 기술에 집중되어 있을 뿐 정부, 기업, 개인 차원에 적합한 효과적인 리스크 관리 툴이나 기술은 충분하지 못하다.

개인정보영향평가(PIA)

정보화 사회의 급속한 발전과 함께 행정, 교육, 의료 등 사회 전반의 다양한 분야에서 정보통신서비스가 제공되고 있으며, 이러한 과정에서 개인정보의 의존도와 활용도 또한 점차 높아지고 있다. 또한 RFID, 위치정보 등의 신규 IT기술을 활용한 첨단 정보통신 서비스를 제공하는 과정에서 새로운 유형의 개인정보가 지속적으로 생성·이용되는 등 점차 개인정보의 적극적 활용이 정보화 사회의 필수적 요소로 부각되고 있다.

그러나 정보화 사회의 진전과 함께 개인정보 수집·이용의 필요성이 높아짐에 따라 과도한 개인정보 수집 및 오·남용으로 인해 국민들의 프라이버시 침해의 위험성 또한 크게 높아지고 있다. 실제로도 인터넷상에 다량의 개인정보가 유출되거나 노출되고 있으며, 행정 서비스 제공을 위해 수집한 개인정보를 단순한 호기심이나 지인의 요청으로 조회하고 이를 타인에게 유출하는 개인정보 침해 행위가 빈번히 발생하고 있는 실정이다.

이러한 측면에서, 개인정보를 취급하는 사업이 프라이버시에 미치는 영향을 사전에 분석하고 이에 대한 개선 방안을 수립하여 실제 사업 추진상에 반영함으로써 개인정보 침해 발생을 사전 예방하는 개인정보영향평가의 수행이 필요하게 됐다.

개인정보영향평가(PIA. Privacy Impact Assessment)란, 개인정보를 활용하는 새로운 정보시스템의 도입이나 개인정보 취급이 수반되는 기존 정보시스템의 중대한 변경 시 동 시스템의 구축, 운영, 변경 등이 프라이버시에 미치는 영향에 대하여 사전에

조사, 예측·검토하여 개선 방안을 도출하는 체계적인 절차를 말한다. 구체적으로는 시스템의 구축, 변경 등을 완료하기 이전에 사전적 평가수행을 통해 동 사업의 시행이 국민의 프라이버시에 미치는 중대한 영향을 사전에 파악하고 그 영향을 줄이거나 없앨 수 있는 방안을 모색하는 것이다.

개인정보영향평가는 비단, 정보화 사업이나 정보처리시스템에 한해 제한적으로 수행되는 것은 아니며, 정보화 사업이 아니더라도 개인정보를 수집하는 사업을 신규로 추진하거나, 기존 개인정보가 취급되는 업무에서 절차상 변경이 있는 경우에도 수행이 가능하다. 개인정보영향평가를 통해, 개인정보 침해 위험성을 사전에 발견하여 정보시스템의 구축 및 운영에 있어 시행착오를 예방하고 효과적인 대응책을 수립할 수 있다. 이와 같은 사전적 평가수행은 시스템 구축 이후에 개인정보 보호조치를 취하는 것에 비해 비용을 획기적으로 절감하는 효과를 발휘한다.

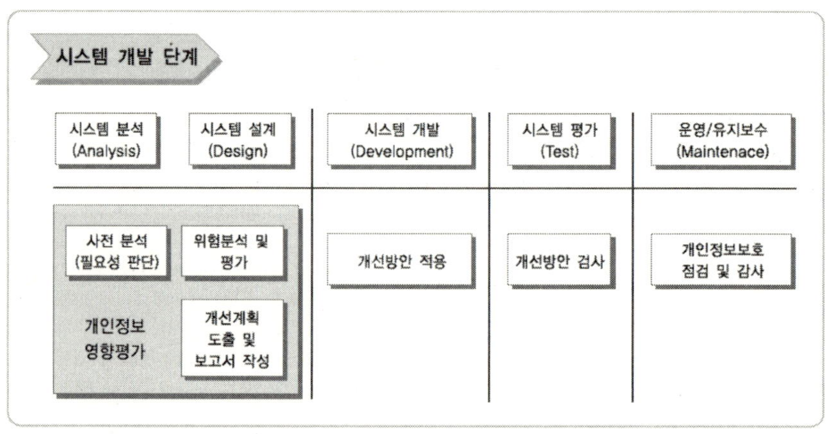

개인정보영향평가(한국인터넷진흥원, 개인정보보호 홍보자료)

우리 사회를 위협하는 다양한 사이버 위험들

정보화 사회의 유토피아와 디스토피아는 원래 그것이 생겨날 때부터 동전의 양면처럼 공존해 왔다. 정보화 사회가 낳은 디지털 세상, 사이버 공간 역시 그 순기능과 역기능의 양면성을 배태하고 있으나 디지털의 복제, 인터넷의 공유라는 특징적인 속성에 맹목적 기술적 진보가 더해져 진화해 나감으로써 그 부정적 기능과 현상이 더욱 확산되고 있다.

가상공간이 진화하면서 가상세계에서만 나타나는 특정적인 범죄(예를 들어 해킹이나 사이버테러 등)가 등장했다. 그리고 현실 세계에서 존재하는 범죄가 사이버 세계로 전이되어 발생하는 범죄, 예를 들어 사이버도박, 사기, 성매매 알선 등이 발생했다. 또한 기술적 발전에 따라서 증가하는 분쟁, 예를 들어 저작권, 개인정보유출, 초상권, 악성댓글 등과 같은 위험이 계속 나타나고 있다.

이러한 사이버 위협의 심각성을 보여 주는 초기 사례로 밀레니엄 버그 위험을 들 수 있다. '인류의 재앙'이라고까지 불렸었던 2000년 밀레니엄 버그(Millenium Bug) 위험은 정보기술의 예측 불가능한 잠재적 위험성에 대한 전 인류의 인식을 일깨우는 계기가 됐다.

다음으로 2003년 1월 25일 국내에서 발생했던 인터넷 대란 사태는 정보기술의 위험이 현실화됨으로써 사회에 미칠 수 있는 파국적 영향력과 금융거래 중단 및 공장생산주문 마비로 이어지는 네트워크 도미노 현상이 나타나는 등 정보화 강국으로 믿었던 우리 사회에 내재한 사이버위험의 존재를 각인시켜 주었다.

국외에서는 이-스토니아(e-Stonia)로 불리기까지 했던 인터넷 강국 에스토니아에서 2007년 5월 3주간 사이버테러가 발생했다. 이로 인해 주요 전자정부 사이트와 은행을 포함하여 대부분의 사회시스템이 심각하게 마비됐고, 이 사건은 전 세계적으로 사이버테러의 경각심을 높인 계기가 됐다.

최근 수많은 영화에서 디지털 위험사회의 문제점을 사회적 재앙으로 다루고 있다. 이것만 봐도 우리 사회가 이미 심각한 디지털 위험사회로 진입해 있음을 간접적으로 느낄 수 있다. 영화 〈다이하드 4〉에서는 사회의 기반시설이 디지털화되고 사람들의 생활세계가 온라인화되어 가고 있는 상황에서 국가 전체 구조에 대한 체계화된 3단계 공격으로 첨단 디지털 사회를 원시사회 수준으로 퇴보시킬 수 있다는 점을 보여 주었다.

여기서는 국내외 주요 관심사로 떠오르고 있는 정보보호 이슈를 몇 가지 소개하도록 하겠다.

국가 핵심기반시설 사이버위협 현실화

국가 주요기반시설은 우리 사회의 중추신경과 같은 역할을 수행하고 있다. 예를 들어, 교통, 전력, 수도, 에너지에서부터 통신, 방송, 금융까지 매우 다양한 분야의 기반시설이 있다. 이러한 기반시설들은 대부분은 네트워크로 연결되어 통제되고 있으며 이들 기반시설의 마비는 사회기능 전체를 마비시키는 파급력을 가지고 있다.

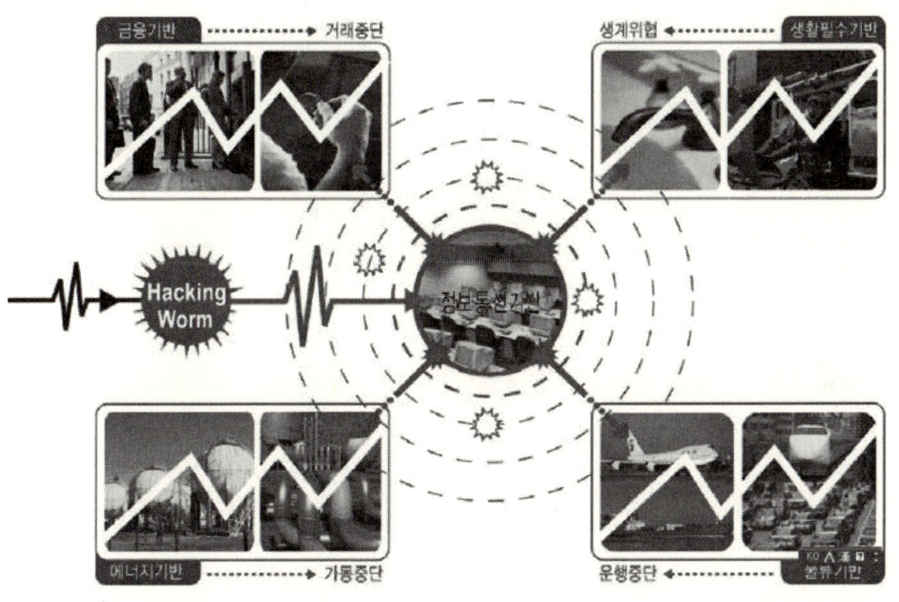

정보통신 기반시설 공격에 의한 사회혼란(정보통신부, 2007)

최근에는 특정 원격감시제어(SCADA, Supervisory Control and Data Acquisition) 시스템을 대상으로 공격을 수행하는 '스턱스넷'이 출현하면서 발전소 등 국가 기반시설에 대한 사이버 위협이 현실화됐다. 스턱스넷은 시스템상의 코드를 변경하여 오작동을 유도함으로써 관련 SCADA시스템에 대한 공격과 파괴를 유발한다. 2010년 7월 최초 감염사례가 확인된 이후 세계 각국에서 감염사례가 보고된 바 있다. 가장 대표적인 감염사례는 이란의 부세르 원자력발전소 및 나탄즈 우라늄 농축시설 등이 스틱스넷에 감염되어 오작동이 발생한 사고다.

중국에서도 PC 600여만 대가 스틱스넷에 감염되어 1,000여 개의 주요 산업시설을 공격했다. 2010년 10월 시만텍 사의 발표에 따르면 스틱스넷 감염 호스트가 가장 많은 나라는 이란으로 67.6%를 차지했고 우리나라가 8.1%로 그 뒤를 이었다. 우리나라에서는 아직 스틱스넷으로 인한 피해사례는 없었으나 정부는 이와 유사한 위협에 대비해 주요기반시설에 대한 비상대응체계를 구축·운영하고 있다.

지속적으로 진화하는 디도스 공격

하루에 수십 대의 차량이 통과할 것을 예상하고 만들어 놓은 한적한 2차도로에 수천, 수만 대의 차량이 나타나면 어떻게 될까? 단순 정체를 넘어서 도로는 곧 주차장에 가까운 형태가 될 테고 결국은 오도 가도 못하는 통행불능에 빠질 것이다. 이 같은 일이 실제 도로에서는 일어나기 힘들지만 온라인상에서는 종종 나타난다. 바로 분산서비스거부(Distribute Denial of Service), 즉 디도스(DDoS) 공격이라고 불리는 것이 바로 그것이다. 디도스 공격은 수십 대에서 많게는 수백만 대의 PC를 원격 조종해 특정 웹사이트에 동시에 접속시킴으로써 단시간 내에 과부하를 일으키는 행위를 뜻한다.

2009년 발생한 '7·7 디도스 대란' 이후 디도스 공격에 대한 관심과 주의가 과거보다는 높아졌지만 2010년에도 디도스 공격은 끊이지 않고 계속됐다. 2010년 7월, 7·7 디도스 대란 1주년을 맞아 전년도와 동일한 시간에 디도스 공격이 탐지됐다. 이는 7·7 디도스 대란 당시 유포된 악성코드 중 치료되지 않고 남아 있던 것이 다시 활동한 것으로 분석됐다. 10월에는 전자조달사이트가 디도스 공격을 받았으며 같은 달에 중국 해커로부터 입수한 디도스 공격용 악성 프로그램을 판매·유포한 일당이 무더기로 적발됐다.

공격자의 면면도 다양해졌다. 게임 아이템 중개 사이트를 공격하여 서버를 마비시킨 후 이를 중단하는 대가로 수천만 원을 받은 경쟁업체 임원이 구속되는가 하면 중국인 해커와 공모하여 국내 온라인 업체에 디도스 공격을 가하여 돈을 갈취한 탈북자가 기소됐다. 또한 좀비PC[3]를 이용하여 개인정보와 게임 아이템을 해킹하고 디도스 공격 대결을 벌여온 중·고생 해커들이 검거되기도 했다.

특히 7·7 디도스 대란과 같은 동시다발적인 대규모 공격은 아니지만 소규모 쇼핑몰과 게임 사이트 등을 대상으로 한 디도스 공격이 꾸준히 발생했는데 이들 업체는 대부분 영세하기 때문에 대응이 쉽지 않다는 문제점이 있다.

2010년에도 여전히 삼일절과 광복절을 전후로 한·일 네티즌 상호 간에 디도스 공방이 있었고 국내 ISP(Internet Service Provider)[4]망 또는 ISP 가입자를 대상으로 하는 디도스 공격도 자주 발생했다. 6월에는 국내 유명 신용카드 사의 이용대금 명세서로 위장한 악성코드에 의해 국내 특정 포털사이트가 디도스 공격을 받기도 했다.

7·7 디도스 대란

　7·7 디도스 공격은 2009년 7월 7일을 기점으로 우리나라와 미국의 주요 정부기관, 포털사이트, 은행 사이트 등을 분산 서비스거부 공격으로 서비스를 일시적으로 마비시킨 사건이다. 공격은 여러 단계를 거쳐 변화되면서 진행됐다. 최초의 공격은 미국 사이트들을 대상으로 이루어졌으며, 이에 미국에서는 7월 4일 독립 기념일에 1차 공격을 시작으로, 백악관을 비롯한 미국의 27개 사이트가 공격을 받았다.

　우리나라에서는 7월 6~7일을 1차 공격으로 부르고 있다. 1차 공격은 2009년 7월 6일 오후 6시경에 시작되고 약 24시간 동안 지속됐다. 청와대 및 주요 언론사와 주요 정당의 홈페이지 그리고 포털사이트 등이 공격 리스트에 포함되어 있었다.

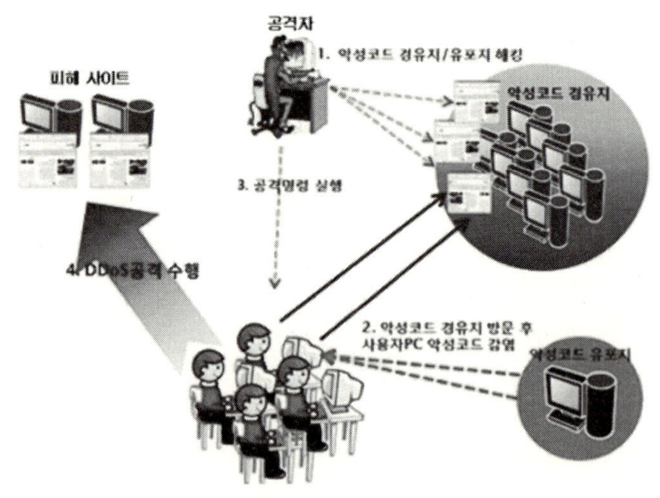

디도스 공격의 이미지(한국인터넷진흥원)

2차 공격은 2009년 7월 8일 오후 6시에 시작되고 약 24시간 동안 지속됐다. 1차 공격 리스트에 있었던 사이트 일부와 주요 포털 사이트의 메일서비스를 대상으로 공격을 했다.

3차 공격은 2009년 7월 9일 오후 6시에 시작됐다. 이로 인해 국가정보원과 일부 금융기관 홈페이지가 장애를 빚었지만 약 3시간 만에 정상화됐다. 공격에 사용된 웜 중 일부에서 감염된 컴퓨터의 하드 디스크를 파괴하는 코드가 발견됐으며 실제 피해 사례도 나타났다.

7·7 디도스 공격의 경우, 공격 시간 및 공격 목표가 설정된 파일이 좀비PC에 저장되어 있어 명령제어서버와의 접속을 실시간으로 유지하지 않더라도 자율적으로 공격이 수행됐다. 즉 감염된 PC를 백신으로 치료하지 않고서는 공격을 멈추게 할 방법이 없었다. 공격 시간 및 공격 목표가 설정된 파일은 숙주 사이트를 통해서 업데이트될 수 있었으며 일부 공격트래픽의 IP(인터넷 주소)를 위조하여 좀비PC 파악을 어렵게 했다. 하나의 좀비PC가 발송하는 트래픽의 양은 사이트별로 최대 분당 1.5MB에 불과하지만 수만 대의 좀비PC로부터 동시 공격을 받는 웹사이트는 접속 장애가 발생할 수 있는 것이다.

또 다른 기능인 파일시스템 손상은 공격에 사용된 좀비PC 정보를 손상시켜 제거함으로써 역추적을 피하려는 의도로 추정된다. 파일시스템 손상 기능이 동작하기 위해서는 특정조건 (MS.NET Framework 3.5 설치)이 필요하여 이것이 좀비PC 규모에 비해 피해건수가 작은 원인 중의 하나였다. 이 기능의 경우,

최초 감염 시 좀비PC에 저장되어 있다가 2009년 7월 10일 0시를 기준으로 실행하도록 제작되어 있었다.

7·7 디도스 대란의 악성코드는 전반적인 기능이 타이머 기반으로 동작하여 분석에 많은 시간이 소요됐다. 7·7 디도스 대란은 정부기관과 백신업체 등 주요 민간업체 등이 최선을 다해 서로 공조하여 사태를 조기에 수습했지만 대국민 홍보 등에 있어서 각 정부기관 및 민간업체 등이 상호확인·조율되지 않은 정보를 제공하면서 일부 혼선이 초래됐다는 문제점이 제기됐다.

이와 함께 사이버공격이 지능화되고 조직화되고 있는 것에 비해 디도스 공격에 대한 훈련과 국제협력이 미흡하다는 점, 인터넷 이용증가에 따른 정보보호 대상이 급증하고 있다는 점 및 악성코드를 분석하기 위한 장비 및 전문인력의 부족 등도 문제점으로 지적됐다. 더불어 정보보호를 위한 기관 간의 협력, 전문 인력의 확보, 정보보호에 대한 지속적 투자, 일반 국민의 보안의식 제고가 얼마나 중요한지를 다시 한 번 깨닫게 해 준 계기가 됐다.

온라인 게임 사이트 해킹 급증

온라인 게임에서 거래되고 있는 아이템은 오프라인에서 현금으로 거래가 가능하기 때문에 하나의 큰 불법시장을 형성하고 있다. 거래 액수가 수만 원에서 수천만 원에 이르기까지 그 규모가 커짐에 따라 게임아이템 탈취를 목적으로 하는 해킹도 급증하고 있다.

그동안에는 온라인 게임을 즐기는 몇몇 사용자에 국한된 문제였지만 게이머가 증가하면서 서서히 사회적인 문제로 대두되고 있을 뿐만 아니라 불법적인 온라인 게임 해킹에 가담하는 보안 전문가까지 등장하면서 우수 보안인력의 유출이라는 부작용도 발생하고 있다. 또한 게임업체에게는 해킹을 차단하기 위해 많은 인력, 시간, 자금을 투입하고 있어 게임산업 발전에 저해 요인으로 작용하고 있다.

국내 온라인 게임 산업은 동시 접속자가 수십만 명에 이를 정도로 많은 사용자가 이용하고 있으며 해외 진출도 활발하게 진행되어 명실상부 세계 최고를 자랑하고 있다. 이러한 게임 산업의 지속적인 발전을 위해서라도 온라인 게임 해킹대응에 많은 관심이 필요한 시점이다.

신용카드 보안 위협증가

신용카드 보안사고가 온·오프라인을 막론하고 여러 가지 형태로 발생하여 주의가 요구되고 있다. 온라인에서는 안심클릭을 이용한 부정결제가 적발됐고 오프라인에서는 신용카드 정보유출 등의 사고가 크게 늘어났다. 안심클릭은 온라인 거래 때 결제금액이 30만 원 미만일 때 활용하는 서비스로 고객이 설정한 안심클릭 비밀번호와 카드 뒷면 숫자 중 마지막 3자리인 카드유효성검사코드(CVC)번호를 입력하는 방식으로 결제되는 서비스를 말하는데 국내 카드사 대부분이 이 서비스를 사용하고 있다.

2010년 1월 온라인 소액결제 시 사용되는 안심클릭시스템을 이용한 부정결제 사건이 다수 발생하여 경찰이 수사에 착수했다. 이는 해킹을 통해 사용자의 비밀번호와 신용카드 CVC번호 등이 유출되면서 발생한 것이다. 언론보도에 따르면 2010년 한 해 발생한 피해건수만 1,800건이 넘는다고 한다.

한편 카드결제 시 활용되는 POS(판매시점관리시스템, Point Of Sales) 단말기가 해킹당해 신용카드 정보가 유출되는 사례도 잇따라 발생했다. 2010년 1월 POS 단말기 해킹사건이 적발됐고 4월에는 POS 단말기에서 신용카드 정보를 유출시킨 혐의자들이 구속되기도 했다. 신용카드 보안은 금융당국과 신용카드 이용자 모두의 지속적인 관심이 필요한 부분이다.

개인정보 대량 유출사고의 증가

대규모 개인정보 유출사건도 연이어 발생하고 있다. 2010년 3월 유명 백화점과 포털사이트 회원 2,000만 명의 개인정보를 유출하여 시중에 유통시킨 일당이 검거됐다. 이는 역대최대 규모의 개인정보 유출사건이었다. 12월에는 포털사이트 계정 가입자들의 아이디와 비밀번호 2,900만 건을 도용하여 계정에 접속한 뒤 약 150만 명의 성명·주민번호·이메일 주소 등의 개인정보를 유출한 용의자가 구속됐다.

내부자에 의한 개인정보 유출도 심심찮게 발생하는 사건이다. 2010년 9월 정부부처에서 운영하는 전자도서관시스템의 유지·보수 담당자가 시스템 내부에 해킹 프로그램을 설치하여 630여만 명의 학생신상정보를 절취한 후 독서통장 사업자들에게 돈을 받고 팔아넘긴 사건이 적발됐다. 한편 2011년에도 대형포털사이트 가입자 3,500만 명의 개인정보 유출, 게임 사이트 회원정보 1,300만여 건 유출 등 대량의 개인정보 유출은 더욱 심각해지고 있다.

또한 소셜 네트워크 서비스 이용자 증가에 따른 개인정보 유출 문제도 대두되고 있다. 소셜 네트워크 서비스를 이용하면서 무심코 올린 글로 인해 이용자의 개인정보가 공개될 수 있는데 이를 악용할 우려가 높아지고 있다.

보이스 피싱 수법의 지능화·고도화

남녀노소를 불문하고 쉽게 당하는 사기 수법 중 하나가 '보이스 피싱(voice phishing)'이다. 수년간 그 수법도 다양하게 변화되고 있어 국민들의 주의가 요구된다. 전화 사기 또는 보이스 피싱은 범행 대상자에게 전화를 걸어 허위 사실을 이야기한 후 송금을 요구하거나 특정 개인정보를 수집하는 사기 수법을 말한다.

최근엔 사회적 이슈를 활용한 피싱 수법도 나타났는데 서민 전용 대출상품인 햇살론을 사칭한 보이스 피싱이 적발된 사례가 대표적이다. 햇살론과 유사한 명칭을 사용한 피싱 사이트를 만들고 통장과 카드를 보내도록 유도한 다음, 넘겨받은 통장과 카드를, 보이스 피싱 사기를 통하여 취한 금전을 송금받는 계좌로 활용한 것으로 드러났다. 또한 구제역 피해가 확산되면서 가축 살처분 보상금 지급을 빙자하여 은행 계좌번호를 요구하는 보이스 피싱도 나타났다.

사칭하는 신분도 다양해졌다. 피해자가 의심하지 못하도록 은행·경찰·금융감독원을 사칭하는 것은 물론 해외에서 봉사하는 의료 봉사단원이라고 사칭하는 사례도 있었다. 특히 최근의 보이스 피싱은 국내 전화번호가 발신자 정보에 표시되도록 조작하여 국제전화 번호식별표시제를 무력화하고 있으며 전화 발신지를 공공기관으로 나타나도록 조작하는 수법도 사용되고 있다.

안전한 스마트 라이프를 위한 노력

정보보호 어떻게 무엇부터 해야 하나

여기서는 우리가 일상생활 속에서 IT를 이용하는 상황별로 쉽게 할 수 있는 보안 조치들을 설명해 보고자 한다.[5]

안전한 컴퓨터 이용을 위한 최소한의 행동요령을 소개한다.

해킹 차단 및 대응 방법

해킹이란 사용이 허락되지 않은 컴퓨터에 접근하여 고장을 일으키거나 정보를 도둑질하는 등의 나쁜 행위를 뜻한다.

해킹당했을 때 컴퓨터에 나타나는 증상은 다음과 같다.

• 컴퓨터 내의 중요한 자료가 유출 혹은 변경될 수 있다.

- 파일이나 프로그램이 자동으로 생성·실행·삭제·변경된다.
- 컴퓨터 환경설정(바탕화면, 해상도 등)이 변경된다.
- 정상적으로 실행되던 프로그램이 갑자기 작동이 안 된다.
- 이유 없이 컴퓨터 속도가 느려지거나 자주 정지된다.

혼자서도 할 수 있는 예방법은 다음과 같다.
- 컴퓨터의 보안 업데이트를 '자동'으로 설정한다.
- 백신 프로그램과 방화벽 등 보안 프로그램을 설치한다.
- 비밀번호는 추측이 어렵게 만들고 자주 변경한다.
- 믿을 수 있는 웹사이트와 프로그램만을 사용한다.

컴퓨터 바이러스 차단 및 대응 방법

컴퓨터 바이러스란 컴퓨터 내의 자료를 삭제하는 등 컴퓨터의 정상 작동을 방해하는 악성 프로그램이다. USB 메모리, 이메일, 메신저 프로그램 등 다양한 방법으로 감염된다.

컴퓨터가 바이러스에 감염됐을 때의 증상은 다음과 같다.
- 컴퓨터 시작 시 시스템 에러가 나고 윈도우가 작동되지 않는다.
- 이유 없이 컴퓨터 속도가 저하되고 프로그램이 실행되지 않는다.
- 컴퓨터 사용 중 비정상적인 그림, 메시지, 소리 등이 나타난다.
- 사용자 명령 없이 프로그램이 실행되거나 주변장치가 작

동된다.

- 사용자 명령 없이 파일, 아이콘들이 생성 혹은 삭제된다.

컴퓨터 바이러스 예방법은 다음과 같다.

- 컴퓨터의 보안 업데이트를 '자동'으로 설정한다.
- 백신 프로그램과 방화벽 등 보안 프로그램을 설치한다.

스파이웨어 차단 및 대응 방법

스파이웨어란 컴퓨터 이용자의 동의 없이 설치되거나 의도와 다르게 작동되어 컴퓨터 사용에 불편을 끼치거나 정보를 훔쳐가는 악성 프로그램을 말한다.

악성프로그램 감염 증상(행정안전부·한국정보보호진흥원, 『정보보호 생활 가이드』)

스파이웨어에 감염됐을 때 나타나는 증상은 다음과 같다.

- 컴퓨터 작동의 이상을 유발하거나 중요 자료가 유출된다.
- 웹브라우저의 '홈페이지 설정'이나 '즐겨찾기' 등이 변경된다.
- 원하지 않는 광고창이 뜨거나 성인·광고 웹사이트로 접속된다.
- 이용자가 특정 프로그램을 삭제하거나 종료할 수 없다.

스파이웨어 예방법은 다음과 같다.

- 스파이웨어는 주로 인터넷 사용 도중 설치되므로 믿을 수 있는 웹사이트만 방문하고 의심되는 광고나 게시물은 클릭하지 않는다.
- 음란, 도박 등 불건전 웹사이트는 접속하지 않는다.
- 웹사이트에서 소프트웨어 설치를 요구할 경우 주의해야 한다.

악성 봇 차단 및 대응 방법

악성 봇이란 악성 로봇(Robot)의 준말로서, 봇에 감염될 경우 해커가 감염된 컴퓨터를 로봇과 같이 마음대로 조종할 수 있다.

악성 봇에 감염됐을 때의 증상은 다음과 같다.

- 컴퓨터는 해커가 지시한 일을 수행한다.
- 특히 해커가 다른 시스템을 공격하는 데 이용될 수 있다.

특별히 주의해야 할 것은 악성 봇은 특별한 증상이 없는 경우가 많아 예방이 매우 중요하다는 점이다.

악성 봇 예방법은 다음과 같다.

- 컴퓨터의 보안 업데이트를 '자동'으로 설정한다.
- 백신 프로그램과 방화벽 등 보안 프로그램을 설치한다.
- 비밀번호는 추측이 어렵게 만들고 자주 변경한다.
- 믿을 수 있는 웹사이트와 프로그램만을 사용한다.

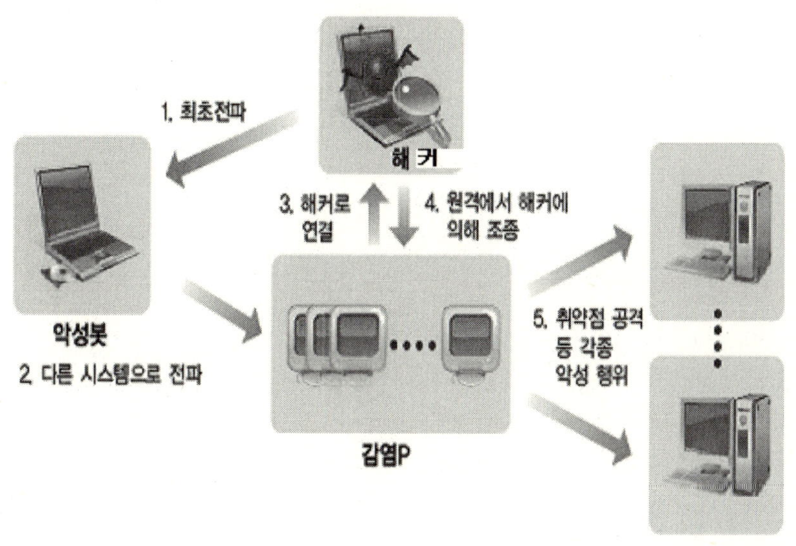

해킹 및 악성 봇 감염 경로(행정안전부·한국정보보호진흥원, 『정보보호 생활 가이드』)

이외에도 알 수 없는 사람에게서 온 의심스러운 이메일은 절대 열어보지 않아야 하며, 사용이 보편화되고 있는 USB메모리는 수시로 백신 프로그램을 이용해 검사하는 것이 좋다.

또한 사용하던 컴퓨터를 매각하거나 폐기하는 경우 저장된 정보가 타인에게 유출될 수 있으므로 저장된 자료는 반드시 삭제하는 습관을 들여야 한다.

안전한 인터넷 이용을 위한 최소한의 행동요령

웹브라우저 보안설정

웹브라우저란 인터넷상의 정보를 사용자의 컴퓨터에서 볼 수 있도록 해주는 프로그램으로서 인터넷 익스플로러, 파이어폭스 등이 많이 사용된다. 웹브라우저의 보안설정을 하지 않으

면 인터넷 이용내역과 컴퓨터에 저장된 웹사이트 아이디와 암
호 등이 유출될 수 있다.

간단한 보안설정 방법을 따라 해 보자.
- 보안 수준은 '보통' 이상으로 설정한다.
  메뉴에서 [도구] → [인터넷 옵션] → [보안] → [인터넷]
  의 보안 수준을 '보통' 이상으로 설정 → [확인].
- 이름과 암호는 '자동 완성'되지 않도록 한다.
  메뉴에서 [도구] → [인터넷 옵션] → [내용] → 자동 완
  성 [설정] → '자동 완성사용 대상'에서 '사용자 이름과 암
  호' 체크 제거 → [확인].
- 사용한 인터넷 파일을 지우도록 설정한다.
  메뉴에서 [도구] → [인터넷옵션] → [고급] '브라우저를
  닫을 때 임시인터넷파일폴더 비우기'를 체크 → [확인].
- 인터넷 사용 중 정보가 저장되는 '쿠키'는 삭제한다.
  [C드라이브] → [Windows] → [Temp] → [Cookies]
  폴더에서 index를 제외한 모든 파일을 삭제.

요즘에 나오는 보안 프로그램은 사용한 인터넷 파일이나 쿠
키를 삭제해 주는 기능을 제공하고 있는 프로그램이 많다.

메신저 사용 시 주의사항
메신저란 인터넷에서 메시지와 자료를 실시간으로 주고받을

수 있는 프로그램이다. 메신저를 잘못 관리하면 아이디를 도용한 사기 피해, 개인정보 유출, 컴퓨터 바이러스 등 악성 프로그램 감염 피해가 발생한다.

다음은 메신저를 안전하게 사용하기 위한 수칙이다.
- 아는 사람이 메신저를 통하여 송금, 개인정보 등을 요구할 경우 대화상대에게 전화를 걸어 사실 여부를 확인한다.
- 공동 사용하는 컴퓨터는 '자동 로그인' 기능을 사용하지 않는다. 자동 로그인 기능을 사용하면 다른 사람이 내 아이디로 로그인할 수 있게 되므로 사기 및 개인정보 노출 등의 피해가 발생된다.
- 모르는 사람으로부터의 대화 요청 시 함부로 수락하지 않는다. 특히 메신저를 통하여 파일을 전송받거나 모르는 웹사이트에 접속하는 경우 주의가 필요하다.
- 메신저 대화내용은 다른 사람이 볼 수 있으므로 암호화 기능을 사용한다. 신용카드 등 중요 정보는 메신저를 통하여 전달하지 않는다.
- 자리를 잠깐 비우는 경우 메신저 잠금 기능을 사용한다.
- 비밀번호는 추측이 어렵게 만들고 자주 변경한다.
- 메신저를 항상 최신 버전으로 업데이트한다.

인터넷상에서 파일 공유 시 주의사항

인터넷 파일 공유(P2P, Peer To Peer)는 인터넷에서 용량이 큰 영화나 음악 등 자료를 공유하여 쉽게 받아보는 방법이다. 요즘 사용이 일반화된 일정한 금액의 월간 사용료를 지불하면 손쉽게 영화나 드라마 등 동영상을 다운받을 수 있는 사이트가 여기에 포함된다. 또한 메신저나 전용 프로그램을 통한 파일 공유도 같은 유형이라 보면 된다.

P2P 사용 중 나타나는 증상 및 피해는 다음과 같다.

- 공유된 컴퓨터 중 하나가 컴퓨터 바이러스에 감염되면 매우 빠른 속도로 다른 컴퓨터로 확산된다.
- 공유된 컴퓨터에 저장된 개인정보 등 중요 정보가 유출된다.
- 영화나 음악 등 저작권법으로 보호되는 자료 공유 시 법적 처벌을 받는다.

안전한 사용 방법은 다음과 같다.

- 중요한 정보가 저장된 컴퓨터에는 P2P 프로그램을 설치하지 않는다.
- P2P 프로그램 설정에서 공유가 필요한 자료만을 공유하도록 설정한다. 공유 프로그램 설치 시 문서 전체가 공유되도록 자동 지정되어 컴퓨터의 자료가 모두 공개될 수 있다.
- 백신 프로그램을 설치하여 컴퓨터 바이러스 등을 차단한다. 특히 호기심을 유발하는 이름이나 내용의 자료는 주의가 필요하다.
- 유명 P2P 프로그램을 가장한 악성 프로그램이 존재하므로 P2P 홈페이지에서 제공하는 프로그램을 이용한다.

- P2P 프로그램을 사용하지 않을 때는 컴퓨터의 전원을 끈다. 악성 프로그램은 종료를 하더라도 자동 재실행될 수 있다.

- 영화, 음악 등 저작권법으로 보호되는 파일을 공유하지 않는다.

- 자녀가 P2P 프로그램을 사용할 경우 부모의 관심이 필요하다. P2P는 성인인증을 하지 않고도 각종 음란물을 접할 수 있다.

자동설치 프로그램의 위험

자동설치 프로그램이란 인터넷 이용, 이메일 수신 등을 통하여 사용자의 동의 없이 설치되는 프로그램을 말한다.

컴퓨터 바이러스, 스파이웨어, 악성 봇 등 각종 악성 프로그램이 자동 설치 프로그램 형태로 배포될 수 있다.

자동설치 프로그램 화면

다음과 같이 대응할 수 있다.

- 인터넷 사용 중 소프트웨어의 설치 여부를 물어보는 '보안경고창'이 뜨는 경우, 믿을 수 있는 웹사이트에서만 '예'

를 선택하고, 믿을 수 없을 경우 '아니오'를 선택하고 웹사이트에서 빠져나온다.

- 사용자 동의 없이 바탕화면 아이콘이 생성되는 것을 방지한다. 인터넷 익스플로러 메뉴의 [도구] → [인터넷 옵션] → [보안] → 웹 콘텐츠영역으로 [인터넷] → [사용자 지정 수준] → [바탕화면 항목 설치] → [설치안함] 선택 → [확인].

자동설치 프로그램 삭제 방법은 다음과 같다.
- 해당 웹사이트의 상·하단에 프로그램 삭제에 관한 설명을 찾아본다.
- 인터넷 검색을 통하여 해당 프로그램 삭제 방법을 찾아본다.
- 백신 프로그램을 이용하여 삭제한다.
- 치료가 되지 않으면 운영체제 프로그램을 다시 설치한다.

스팸 차단 방법

스팸이란 이메일, 휴대폰 등을 이용하여 대량으로 전송되는 불법 정보를 말한다. 스팸 처리로 인한 시간 낭비와 음란성 광고메일로 인한 정신적 피해가 발생한다. 예방·대응 방법을 스팸 유형별로 알아보자.

이메일 스팸 대응방법은 다음과 같다.
- 광고 등 불필요한 메일은 읽거나 응답하지 않고 삭제한다.

- 인터넷 게시판 등에 이메일 주소를 남기지 않는다.
- 미성년자는 포털 이용 시 청소년 전용 계정을 사용한다.
- 웹사이트 회원가입 시 광고메일 수신 여부는 신중히 결정한다.
- 회원으로 가입한 특정 웹사이트의 메일을 더 이상 받고 싶지 않다면 해당 홈페이지에서 '메일 수신거부'를 설정한다.
- 이메일 프로그램 및 서비스 업체의 스팸 차단 기능을 사용한다.

휴대폰 스팸 예방법은 다음과 같다.
- 스팸전화로 의심되는 경우 응답전화를 하지 않고 무시한다.
- 웹사이트 회원가입 시 불필요한 전화광고 수신에 동의하지 않는다.
- 음란 사이트, 인터넷 게시판 등에 휴대폰 번호를 남기지 않는다.
- 이동통신사에 스팸 차단 서비스를 신청한다.
- 휴대폰 사용설명서를 확인하여 스팸차단 기능을 설정한다.

안전한 비밀번호 설정

비밀번호란 인터넷 사이트 이용, 금융거래, 컴퓨터 로그인 등에 본인확인을 위해 사용되는 정보다. 다른 사람이 비밀번호를 알게 될 경우 금전 피해, 정보 유출 및 사기 등 불법행위에 사용될 수 있다.

안전한 비밀번호 설정 방법은 다음과 같다.

- 다른 사람이 추측할 수 없도록 숫자·특수문자를 섞어 8자 이상으로 구성한다. 본인이나 가족의 이름, 생일, 주민등록번호 등은 사용하지 않는다.
- 익숙한 명칭, 제목, 속담 등을 활용하여 기억하기 쉽게 한다.
- 비밀번호는 웹사이트별로 다르게 설정한다. 기본 비밀번호에 웹사이트별 규칙을 추가하여 비밀번호로 사용한다. 금융거래에 사용하는 비밀번호는 일반 비밀번호와 다르게 설정한다.

안전한 비밀번호 관리 방법은 다음과 같다.

- 비밀번호가 타인에게 노출되지 않도록 한다.
- 타인에게 비밀번호와 관련된 정보 및 힌트를 알려 주지 않는다.
- 비밀번호는 최소한 3개월마다 변경한다.
- 비밀번호가 타인에게 노출되면 즉시 변경한다.

안전한 전자상거래를 위한 행동요령

공인인증서 관리 방법

공인인증서란 인터넷에서 상거래 또는 민원신청 시 신원확인을 위해 사용하는 디지털증명서(디지털인감)로 다음과 같이 사용된다.

- 전자상거래 : 인터넷쇼핑, 전자계약, 전자무역 등
- 인터넷금융 : 은행업무, 증권거래, 보험거래 등
- 전자민원 : 각종 민원서류 발급, 세금 납부 등 민원 신청

공인인증서를 사용하지 않으면 상거래나 계약 등에 있어 법적효과가 인정되지 않아 분쟁발생 시 대응이 곤란할 수 있다.

공인인증서는 이렇게 발급받으면 된다.
- 은행, 증권사, 우체국, 공인인증기관 등에 신분증을 지참하고 직접 방문하여 인증서 발급 신청서를 제출한다.
- 방문한 기관에서 제공하는 설명서에 따라 인터넷에서 인증서 파일을 내려 받는다.

안전한 공인인증서 사용 방법은 다음과 같다.
- 공인인증서는 별도의 USB 메모리에 저장하여 사용한다.
- 공인인증서를 컴퓨터에 저장하면 다른 사람이 복사할 수 있고, 해킹·컴퓨터바이러스 등의 공격발생 시 유출될 수 있다.
- 비밀번호는 추측이 어렵게 만들고 자주 변경해야 한다.
- 서비스를 이용하는 금융 사이트 등에서 제공하는 키보드 해킹 방지 프로그램, 피싱 방지 프로그램 등을 설치한다.
- 보안서버[6]를 갖춘 안전한 웹사이트를 이용한다.
- PC방 등 여러 사람이 사용하는 컴퓨터에서는 공인인증

서를 이용한 금융거래 등을 하지 않는다.

인터넷 금융거래 시 주의 사항

온라인 금융거래 시 정보보호가 되지 않을 경우 의도하지 않은 예금 인출, 송금과 같은 금전적인 손해가 발생된다.

안전한 인터넷 금융거래 방법은 다음과 같다.

- 금융기관 웹사이트 이용 시 제공되는 보안 프로그램을 설치한다. 윈도우 자동 업데이트, 백신 프로그램, 방화벽 등도 설치해야 한다.
- 보안카드, 비밀번호 등의 정보는 다른 사람이 볼 수 있는 곳에 기록하지 않고 알려 주지도 않는다.
- 금융계좌, 공인인증서 등의 비밀번호는 일반 홈페이지 비밀번호와 다르게 설정하고 자주 변경한다.
- 금융기관 웹사이트는 유사 웹사이트가 많으므로 즐겨찾기를 이용하거나, 직접 정확한 주소를 입력하고 이용한다.
- 전자금융거래 이용을 휴대폰으로 알려 주는 은행서비스를 이용한다.
- 공인인증서는 USB 메모리 등 이동식 저장매체에 저장한다.
- PC방 등 공용 컴퓨터에서는 금융거래를 하지 않는다.
- 의심되는 이메일이나 게시판의 글은 열어 보지 말고 첨부파일은 읽기·저장하기 전에 백신 프로그램으로 검사한다.
- 선수금 입금 요구, 상식 수준 이상의 대출 조건을 제시하

는 경우 해당 금융회사에 사실 여부를 직접 확인한다.

인터넷 쇼핑 시 주의 사항

인터넷 쇼핑 시 사기 등에 의한 금전적 피해가 발생할 수 있다.

안전한 인터넷 쇼핑 방법은 다음과 같다.

- 사이버 안전을 위한 기본조치를 하는 웹사이트인지 확인
  한다. 웹사이트 주소가 'https'로 시작하거나 웹브라우저
  화면 우측 하단 등에 자물쇠 모양이 보이면 기본적인 안
  전 조치를 하는 웹사이트라고 판단할 수 있다.
- 한국정보통신산업협회와 정보통신산업진흥원 인증마크
  를 획득한 온라인 쇼핑몰인지 확인한다.
- 웹사이트에서 실명확인이나 배송지 등 반드시 필요한 정보
  외에 불필요하게 많은 개인정보를 요구하면 일단 의심한다.
- 온라인 결제 화면, 이메일로 제공되는 거래내역, 영수증
  등을 저장·출력해 두면 분쟁 발생 시 증거 자료로 활용
  할 수 있다.
- 현금보다는 피해보상을 받을 수 있는 신용카드를 사용한다.

인터넷 쇼핑 시 사기 예방 요령은 다음과 같다.

- 신용카드 대신 현금거래를 유도하는 사람은 일단 의심한
  다. 급한 이유가 있어 싸게 파는 대신 현금거래를 요구하
  는 경우는 피한다.

- ‘특가 할인상품’ 등 과장된 광고 이메일을 조심한다.
- 게시판 등에 ‘쉽게 돈 버는 법’ 등을 쓰는 사람은 조심한다.
- 신뢰할 수 있는 쇼핑몰만 이용하고 다음 사항을 확인한다.
    - 거래조건(상품정보, 보증기간, 배송기간, 반품조건 등)
    - 회사정보(회사신뢰도, 매출실적, 약도, 주소, 연락처 등)
    - 게시판(고객게시판 유무, 배송지연, 항의 글 내용 등)
    - 해당 쇼핑몰·판매자 대상의 피해자 모임·카페
- 유명 쇼핑몰이더라도 개인 판매자는 주의가 필요한다.
- 직거래가 불가피하다면 아는 사람과 동행하여 공개된 장소에서 한다.

인터넷 사기(피싱) 예방

피싱(Phishing)이란 프라이버시(Privacy)와 낚시(Fishing)의 합성어로서, 이메일, 인터넷, 휴대폰 등으로 유명기관이나 인물을 사칭하여 사기를 벌이는 행위다. 계좌번호·비밀번호 유출로 인한 금융 피해 및 주민등록번호 등 개인정보 노출 위험이 있다.

예방 방법은 다음과 같다.
- 이메일이나 게시판에 연결된 웹사이트에 개인정보 입력 시 주의한다.
- 행사 출처가 확실한 이벤트만 참여한다.
- 금융기관 웹사이트는 유사 웹사이트가 많으므로 즐겨찾기를 이용하거나 직접 정확한 주소를 입력하고 이용한다.

- 음란물 사이트 등 유해 인터넷 사이트에는 접속하지 않는다.

다음과 같은 경우 피싱을 의심한다.
- 예금 조회 버튼이 없거나 조회 시 금액이 사실과 다를 경우.
- 예금 거래 후 잔액이 확인되지 않거나 잔액이 사실과 다를 경우.

피싱이 의심될 경우 대응 방법은 다음과 같다.
- 피싱이 의심되는 이메일이나 게시글을 접했다면 인터넷 검색이나 114 전화를 걸어 해당기관 연락처를 알아낸 후 직접 확인한다.
- 확인 결과 사기일 경우 관계 기관에 신고한다.

안전한 인터넷 게임 이용

인터넷 게임 이용자를 속여 ID와 비밀번호 등을 알아낸 후 캐릭터를 삭제하거나 게임 아이템을 가로채는 일이 많다. 욕설이나 음란 메시지를 보내거나 컴퓨터 바이러스에 감염시키는 경우도 잦다.

대응 방법은 다음과 같다.
- 인터넷 게임 운영자를 사칭하여 개인정보를 요구할 경우 거

부한다. 실제 온라인 게임 운영자는 절대로 이용자의 개인 정보(ID, 비밀번호 등)를 요구하지 않는다. ID와 비밀번호 유출 시 게임 캐릭터 삭제나 아이템 탈취 등의 피해가 발생된다.

- 누군가 욕설이나 음란 메시지를 보낼 경우 대응하거나 직접 만나서 해결하지 않는다. 해당 메시지를 보낸 사람의 아이디와 메시지가 담긴 화면을 저장하거나 사진을 찍어 게임 업체 고객센터로 신고한다.

- 게임 머니와 아이템을 현금으로 구매하거나 다른 사람과 현금 거래를 하지 않는다.

- 아이디와 비밀번호를 잊어버린 경우 이용하는 게임의 고객센터에서만 찾아줄 수 있으므로 고객센터에 방문하여 신고를 하거나 상담을 받는다.

- 게임 중 컴퓨터에서 소리가 나지 않으면서 'Generic Host Process for Win32 Services' 관련 에러 메시지가 나타날 경우 바이러스에 감염됐을 수 있다. 윈도우 보안 업데이트를 하고 백신 프로그램으로 컴퓨터를 검사한다. 백신 프로그램으로 치료가 되지 않을 경우 윈도우를 재설치한다.

점점 중요해지는 개인정보보호[7]

개인정보보호의 필요성

정보통신기술의 눈부신 발전으로 정보의 수집과 저장, 유통이 손쉽게 되고 누구나 인터넷 등의 네트워크에 접속하여 교육, 쇼핑, 게임 등의 다양한 서비스를 이용할 수 있게 됐다. 또한 가까운 미래에는 시·공간의 제약 없이 언제 어디서나 정보통신 서비스를 이용할 수 있는 유비쿼터스 사회가 실현될 것으로 예상되고 있다.

그러나 이와 같은 급격한 정보화는 무분별한 광고성 정보전송, 사이버 범죄, 정보격차 문제 등 새로운 정보화 역기능을 초래하게 됐다. 특히 개인정보의 수집, 저장, 유통이 간편해짐에 따라

집적된 개인정보의 양이 급격히 증가했음에도 이에 대한 충분한 보호조치가 취해지지 못해, 인터넷을 통해 주민등록번호가 노출되기도 하고 브로커에 의해 다량의 개인정보가 거래되기도 하는 등 개인정보 및 프라이버시 침해 문제가 심각해지고 있다.

정보화 사회에서는 비대면의 상태에서 개인정보를 매개로 서로를 확인한 후 사회·경제적인 활동이 이루어지므로 개인정보의 도용 및 프라이버시를 침해당했을 때 그 피해가 더욱 증가할 것이라 예상된다. 개인정보 유출은 개인에게 정신적·경제적 피해를 주게 되며 정보사회 자체에 대한 신뢰가 붕괴되어 사회적 혼란을 야기할 수 있다.

기업에서의 개인정보보호란 유·무형의 기업 자산 보호와 직결되어 있다. 실제로 개인정보는 마케팅을 위한 기업의 소중한 자산이며, 제대로 관리되지 못한 경우에는 고객의 신뢰성 저하로 인해 기업의 이미지가 크게 훼손될 수 있다. 특히 최근 들어 기업의 개인정보 유출 사건에 대해 유출 피해자들의 대규모 소송이 제기되고 실제로 대부분의 소송에서 피해배상 판결이 나고 있으므로 개인정보보호는 기업의 경영 수익과도 직결된다고 볼 수 있다.

개인정보란 무엇인가

법률상 보호 대상이 되는 '개인정보'는 생존하는 개인에 관한 정보로서, 특정 개인을 식별하거나 식별할 수 있는 일체의 정보라고 규정되어 있다.

'생존하는 개인'에 관한 정보란?

개인정보의 주체는 자연인(自然人)이어야 하며, 법인(法人) 또는 단체의 정보는 해당되지 않는다. 따라서 법인의 상호, 영업소재지, 대표이사의 성명, 이사·감사 등 임원정보, 자산, 영업실적 등의 정보는 개인정보의 범위에 해당된다고 볼 수 없다. 또한 이미 사망했거나 실종신고 등 관계법령에 의하여 사망한 것으로 간주되는 자에 관한 정보는 개인정보로 볼 수 없다. 다만, 사자(死者)에 관한 정보가 생존하는 유족 등 후손과 관련이 있는 경우에는 유족 등 후손의 개인정보로서 적용대상이 될 수 있다.

개인에 '관한' 정보란?

개인에 대한 사실·판단·평가 등 특정 개인과 관련된 일체의 정보가 모두 개인정보에 해당된다고 볼 수 있다. 따라서 개인과 관련된 사실적인 정보(예: 이름, 주소, 주민등록번호, 직업 등)뿐만 아니라 해당 개인에 대한 타인의 의견·평가·견해 등과 같은 주관적인 정보(예: 신용평가정보, 사회적 지위)도 관련성이 인정된다고 볼 수 있다.

'식별하거나 식별 가능한' 정보란?

개인정보가 인정되기 위해서는 해당 정보가 '특정 개인을 식별하거나 식별 가능'해야 한다. 따라서 이미 통계적으로 변환되어 개인을 식별할 수 있는 인자가 제거된 상태라면 개인정보라고 할 수 없다. 그러나 해당 정보만으로 개인을 식별할 수 있는 정보뿐 아니라 '다른 정보와 용이하게 결합'해서 개인 식별이 가능한 경우도 개인정보로 규정하고 있다. 예를 들면 주민등록번호는 개개인마다 고유하므로 주민등록번호를 활용하면 개인을 손쉽게 식별할 수 있다. 하지만 혈액형 정보는 개인마다 고유하지 않고 동일한 혈액형을 가진 사람이 많기 때문에 혈액형만 있는 경우에는 개인정보로 보기 어렵다. 그러나 혈액형이 주민등록번호나 주소 등의 정보와 결합하는 경우에는 개인식별이 가능해지므로 개인정보로 볼 수 있게 된다.

개인정보의 유형 및 종류

개인정보는 개인의 성명, 주민등록번호 등 인적사항에서 부터 사회·경제적 지위와 상태, 교육, 건강·의료, 재산, 문화 활동 및 정치적 성향과 같은 내면의 비밀까지 매우 다양하고 폭넓다.

또한 개인정보는 이용자가 직접 회원가입이나 서비스 등록을 위해 사업자에게 제공하는 정보뿐만 아니라 사업자가 서비스를 제공하는 과정에서 생성되는 이용자에 관한 정보도 포함된다.

유형	개인정보의 예
인적사항	성명, 주민등록번호, 주소, 본적지, 전화번호 등 연락처, 생년월일, 출생지, 이메일 주소, 가족 관계 및 가족구성원 정보 등
신체적 정보	(신체정보) 얼굴, 지문, 홍채, 음성, 유전자정보, 키, 몸무게 등 (의료 · 건강정보) 건강상태, 진료기록, 신체장애, 장애등급, 병력(病歷) 등
정신적 정보	(성향정보) 도서 · 비디오 등 대여기록, 잡지구독정보, 물품구매내역, 웹사이트 검색내역 등 (내면의 비밀 등) 사상, 신조, 종교, 가치관, 정당 · 노조 가입여부 및 활동내역 등
재산적 정보	(개인금융정보) 소득, 신용카드번호, 통장계좌번호, 동산 · 부동산 보유내역, 저축내역 등 (신용정보) 개인신용평가정보, 대출 또는 담보설정 내역, 신용카드 사용내역 등
사회적 정보	(교육정보) 학력, 성적, 출석상황, 자격증 보유내역, 상벌기록, 생활기록부 등 (법적정보) 전과 · 범죄 기록, 재판 기록, 과태료 납부내역 등 (근로정보) 직장, 고용주, 근무처, 근로경력, 상벌기록, 직무평가기록 등 (병역정보) 병역여부, 군번, 계급, 근무부대 등
기타	전화 통화내역, IP주소, 웹사이트 접속내역, 이메일 또는 전화 메시지, 기타 GPS 등에 의한 개인위치정보

개인정보의 유형별 사례(한국인터넷진흥원)

개인정보보호의 근본적인 의미, '개인정보 자기결정권'

개인정보보호의 근본적인 의미는 이용자의 '개인정보 자기결정권'을 철저히 보장하는 것이다. '개인정보 자기결정권'이란, 자신에 관한 정보가 언제, 어떻게, 그리고 어느 범위까지 타인에게 전달되고 이용될 수 있는지를 그 정보주체가 스스로 결정할 수 있는 권리를 의미한다. 누가 어떤 목적으로 자신의 어떤 정보를 수집하고 이용하는지를 정보 제공 이전에 명확하게 인지하고 이용자가 언제든지 자신의 개인정보를 열람 · 정정할 수 있으며 더 이상의 개인정보 이용을 원치 않는 경우 이용에 대한 동의를 철회하거나 파기를 요청하는 권리를 보장하는 것을 말한다.

주민등록번호 대체수단, 아이핀

아이핀(i-PIN, Internet Personal Identification Number)은 인터넷상에서 주민등록번호를 대신해서 개인을 식별할 수 있는 아이디 및 비밀번호를 말한다. 인터넷 사이트 회원가입 시 본인인증 수단으로 아이핀을 이용하면 안전하다. 인터넷 웹사이트에서 주민등록번호의 과도한 수집·사용으로 인하여 발생하는 도용 및 침해 문제를 해결하기 위하여 아이핀 서비스를 도입해 시행하고 있다.

이용자 입장에서는 아이핀을 활용하게 되면 주민등록번호를 제공하지 않게 되므로 주민등록번호 유출로 인한 명의도용, 개인정보 조회 등의 피해를 방지할 수 있게 되고 사업자 입장에서는 이용자의 신원·성별·연령 등을 확실히 확인하는 동시에 주민등록번호는 보관하지 않으므로 개인정보보호를 위한 비용부담이 감소한다는 장점이 있다.

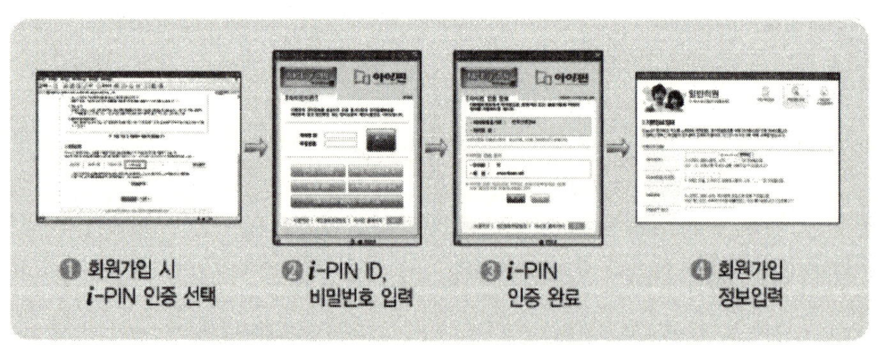

웹사이트에서 아이핀 이용방법(한국인터넷진흥원, 2010)

아이핀은 민간분야에서뿐만 아니라 공공분야에서도 활용되고 있다. 다만 현재 민간 및 공공분야용 아이핀을 각각 발급받

아 사용해야 하는 불편이 있다. 향후 하나의 아이핀으로 민간
·공공 모두 사용할 수 있을 것으로 기대한다.

개인정보보호 환경과 침해사고 현황

개인정보보호는 이용자의 프라이버시 보호를 위해 필요함은
물론 기업의 리스크 관리를 위해서도 매우 중요하다. 기업이 개
인정보를 제대로 관리하지 못할 경우에는 고객의 신뢰성 저하
로 인하여 기업의 이미지가 크게 훼손될 수 있다. 최근 들어 기
업의 개인정보 유출 사건에 대해 개인정보 유출 피해자들이 대
규모 집단소송을 제기하고 있고 일부 소송에서는 기업의 손해
배상이 판결되는 점을 감안할 때 개인정보보호는 기업의 경영
지속 여부와도 직결된다고 볼 수 있다.

그럼에도 불구하고 기업 간 경쟁심화에 따라 영리 극대화 및
업무 효율성 제고 등을 위해 개인정보의 제3자 제공 및 개인정
보 취급의 위탁행위가 갈수록 증가하고 있고 이로 인해 개인정
보에 접근하여 취급할 수 있는 자의 범위 또한 확대되어 개인
정보의 유출 및 오·남용 위험성이 높아지고 있다.

비단 기업뿐만 아니라 공공부문의 경우에도 전자정부를 통
한 정부 혁신 과정에서 다양한 행정정보의 활용이 개인정보침
해사고로 이어지는 경우가 발생되고 있다. 전자정부 고도화에
따른 전자적 행정서비스의 활성화 및 효율적 업무수행을 위한
정보공동이용의 확산과 정보집적과 통합처리가 가능해짐에 따

라 공공기관에서 수집·보유하고 있는 개인정보에 대한 체계적
이고 안전한 보호·관리의 필요성 또한 강조되고 있다.

　아울러 최근 들어 스마트폰 등 신규 디바이스의 급속한 확
산과 함께 소셜 네트워크 서비스 등의 새로운 서비스가 끊임없
이 등장하면서 기존에 없었던 새로운 유형의 개인정보 침해 행
위 또한 지속적으로 발생하고 있어 사회 전반의 개인정보보호
에 대한 인식 전환이 그 어느 때보다 중요한 상황이다.

　2010년 한 해 동안 한국인터넷진흥원(KISA, Korea Internet
and Security Agency)의 개인정보침해신고센터와 개인정보분
쟁조정위원회에는 총 5만 4,832건의 개인정보 피해구제 신청
이 접수됐다. 이는 2009년 접수된 3만 5,167건과 비교할 때
55.9% 증가한 수치이며 이용자의 개인정보보호에 대한 관심과
피해구제 요구가 상당히 증가했음을 보여 주고 있다.

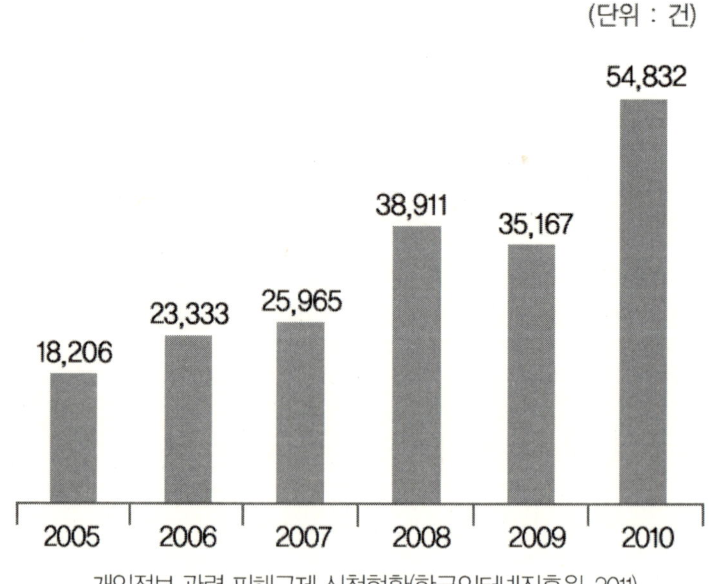

개인정보 관련 피해구제 신청현황(한국인터넷진흥원, 2011)

2010년에 접수된 개인정보 피해구제 신청 유형을 보면 '정보통신망 이용 촉진 및 정보보호 등에 관한 법률'의 적용을 받지 않는 신용정보 관련 문의 등에 대한 건수가 70.0%(3만 8,414건), 주민등록번호 등 타인 정보의 훼손·침해·도용이 18.49%(1만 137건)로 전체의 88.5%를 차지하고 있음을 알 수 있다.

2009년과 비교해 볼 때에도 상당히 높은 증가율을 보이고 있는데 이는 사회 전반에서 발생한 각종 개인정보 유·노출 사례를 접한 이용자들이 개인정보 수집 행위 자체를 민감하게 받아들이는 한편 그 어느 때보다 개인정보에 대한 관심 및 보호 의식이 높아졌음을 의미한다.

다행히 정부에서는 민간·공공분야를 모두 대상으로 하는 개인정보보호법을 2011년 9월 30일부터 전면 시행하여 법률의 사각지대는 많이 줄어들 전망이다.

우리 사회의 정보보호 수준과 실태

우리나라 정보보호 현 위치

우리나라는 WEF(World Economic Forum, 세계경제포럼)[8] 평가에서 정보보호 부문 순위가 2011년 12위로 전년도 14위에 비해 2계단 상승했으나 정보화 분야에 비해서는 여전히 미흡한 수준이다. 이는 그동안 정보화에 치중해 왔기 때문에 정보화 1등 국가라는 타이틀에 맞지 않게 국가 정보보호에 대한 투자가 선진국에 비해 부족했기 때문이다.

2010년 정보보호 인프라는 80.1%의 기술적 보안 수준을 나타냈으며, 국민의 정보보호에 대한 인식과 실천 수준도 제대로 자리 잡지 못한 상태다. 정보보호 분야의 국제순위는 현재

전자상거래 등에 있어 인터넷 전송구간에서 개인정보를 암호화하는 보안서버 설치 대수를 가지고 인구 100만 명당 보급률 통계를 내어 매기고 있다.

중앙행정기관의 정보화 예산 대비 정보보호예산 비율도 2010년 8.2%에서 2011년 6.2%로 낮아져 2008년 미국의 9.7% 수준에도 못 미치고 있다. 반면 해킹 등 사이버침해범죄 건수는 2010년 1만 8,287건으로 2009년에 비해 10.2% 증가했고, 개인정보침해사고는 2010년에 5만 4,832건으로 전년도에 비해 55.9% 증가했다.

정보보호 순위(보안서버 보급률)

보안서버는 개인 PC와 웹서버 사이에 전송되는 아이디, 패스워드, 주민등록번호 등의 개인정보를 암호화하여 인터넷 전송구간에서 노출을 방지하는 소프트웨어를 말한다. 정보통신망법에서는 개인정보의 보호를 위한 보안서버구축을 의무화하고 있다.

우리나라는 2006년도 보안서버 보급률 국가순위가 43위였으나 꾸준한 보급 활동으로 2011년도 국가순위가 12위로 향상됐다. 인터넷 상거래 활성화와 인터넷 의존도가 높아질수록 개인정보의 안전한 전송이 중요해지고 있다. 따라서 국가별로 얼마나 많은 보안서버가 보급됐나를 측정하여 그 나라의 국제보안순위를 매기고 있다. 물론 보안서버만으로 국가의 보안 수준을 전부 나타낼 수 없지만 국제사회에서는 이를 각국의 보안 수준을 측정하는 주요한 판단기준으로 활용하고 있다.

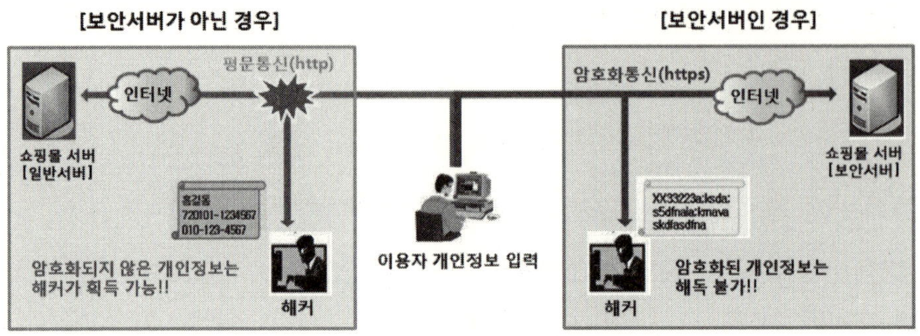

보안서버의 필요성

국가 순위	2008년		2009년		2010년		2011년	
1	1,258	(아이슬란드)	1,421	(아이슬란드)	1,562	(아이슬란드)	1,711	(아이슬란드)
2	859	(미국)	1,060	(미국)	1,174	(미국)	1,414	(네덜란드)
3	646	(캐나다)	828	(뉴질랜드)	1,105	(네덜란드)	1,234	(미국)
4	596	(덴마크)	812	(스위스)	1,036	(덴마크)	1,212	(호주)
5	584	(뉴질랜드)	812	(캐나다)	993	(호주)	1,166	(덴마크)
6	584	(호주)	807	(호주)	980	(뉴질랜드)	1,120	(스위스)
7	582	(룩셈브루크)	805	(덴마크)	977	(스위스)	1,077	(룩셈부르크)
8	580	(스위스)	780	(네덜란드)	940	(몰타)	1,059	(뉴질랜드)
9	561	(영국)	753	(영국)	912	(룩셈브루크)	1,011	(노르웨이)
10	486	(몰타)	737	(룩셈브루크)	906	(캐나다)	986	(몰타)
11	420	(아일랜드)	698	(몰타)	904	(영국)	984	(캐나다)
12	412	(네덜란드)	621	(노르웨이)	844	(노르웨이)	927	(대한민국)
13	406	(스웨덴)	600	(스웨덴)	772	(스웨덴)	905	(영국)
14	390	(노르웨이)	551	(아일랜드)	696	(대한민국)	857	(스웨덴)
15	381	(핀란드)	542	(핀란드)	684	(핀란드)	802	(핀란드)
16	349	(독일)	498	(대한민국)	673	(아일랜드)	744	(아일랜드)
한국 순위	51위		16위		14위		12위	
(인구 백만 명당)	(60대)		(498대)		(696대)		(927대)	

보안서버 국가순위(World Economic Forum, 2011, The Global Information Technology Report, 2010–2011)

우리 국민의 정보보호 관련 실태

한국인터넷진흥원[9]이 매년 실시하고 있는 '정보보호 실태조사' 결과에 따르면, 인터넷 이용자의 99.5%는 인터넷상에서 정보보호 및 개인정보보호를 중요한 문제로 인식하고 있다고 한다. 이용자의 95.1%는 정보보호 관련 인터넷 역기능이 심각하다고 생각하며 그중에도 개인정보 및 프라이버시 침해(38.4%)를 가장 우려하고 있다.

인터넷 이용자들이 정보보호를 위해 사용하고 있는 바이러스 백신 프로그램은 대부분 인터넷 포털 등에서 제공하는 무료제품인 것으로 나타나고 있다. 최근 정보보호 관련 사건이 사회적 이슈가 되면서 백신 프로그램 이용자 중 '실시간 자동감시(88.8%)'로 설정하거나 '자동 업데이트(68.4%)'로 설정하는 이용자가 증가하고 있다. 그러나 백신 프로그램 이용자 중 '주 1회 이상 바이러스 검사'를 실시하는 이용자는 42.5%로 아직도 보안의 실천의식이 부족하다고 할 수 있다.

정보보호 관련 인터넷 역기능 피해 현황을 살펴보면 인터넷을 통한 피해는 웜·바이러스(34.3%), 애드웨어[10]·스파이웨어(36.2%)가 많았다. 그러나 피해 경험에 비해 피해 신고는 적은 편이다. 최근에는 개인정보나 프라이버시 침해로 인한 피해가 증가하고 있는데 피해를 경험한 인터넷 이용자는 17.1% 수준이다. 그러나 실제로는 개인이 자각하지 못하고 있을 뿐 개인정보 유출 관련 피해는 심각하다. 예를 들어 모 인터넷 포털 사이트의 3,500만 명 개인정보 유출 사고는 대부분의 인터넷 이용자의 개인정보가 유출된 것이나 마찬가지인 사건이었다.

신규 서비스에 대한 정보보호 인식을 살펴보면, 인터넷 이용자 대부분이 스마트폰(96%), 무선 인터넷(92.5%), 소셜 네트워크 서비스(91.2%) 보안을 중요하게 인식하고 있으며 피해가 심각할 것이라고 생각하고 있는 것으로 나타났다.

기업의 개인정보 유출 사건

2011년 7월 28일 A 포털 사이트의 서버가 해킹되어 총 3,500만여 명의 회원정보가 유출되는 사고가 발생했다. 유출된 개인정보는 ID, 비밀번호, 주민등록번호, 성명, 생년월일, 성별, 이메일주소, 전화번호, 주소, 닉네임 등이었다. 해커는 공개용 압축 소프트웨어의 업데이트 서버를 해킹하여 A 포털사이트의 사용자 PC에 악성코드를 감염시켜 해커의 PC로 접속하도록 유도했다. 이후 해커는 좀비PC에 접속하여 DB 서버망(개인정보처리시스템)에 접근할 수 있는 DB 관리자 계정정보를 수집했고 해커가 DB서버(개인정보처리시스템)에 접속해 회원 DB를 다운로드 경유지 서버를 통해 중국 소재 IP(인터넷 주소)로 유출했다. '공개용 압축 프로그램'에 대한 미흡한 보안대책이 해킹사고의 원인을 제공했다.

2011년 4월 8일에는 해커가 습득한 퇴직자의 ID와 비밀번호로 광고메일발송서버와 정비내역 조회서버에 접근하여, 화면복사 또는 해킹프로그램 설치로 로그파일을 다운로드하여 B 캐피탈 사의 개인정보 175만여 건을 유출했다. B 캐피탈 사의 경우, 고객정보 조회 로그에 남는 개인정보를 암호화하지 않았고 홈페이지 서버의 취약점이 드러나 해킹을 당했다. 퇴직자의 ID를 삭제하지 않아 해킹에 지속적으로 악용되었고 보안장비에서 탐지된 해킹사고 의심 IP에 대한 조치도 취하지 않았다고 한다.

기업의 정보보호 대응 현황

국내기업들의 정보보호 실태를 살펴보면 25.8%의 기업이 정보보호 정책을 수립·운영하고 있다. 기업들은 정보관리책임자(CIO), 정보보호책임자(CISO), 개인정보관리책임자(CPO) 등 IT 관련 업무의 총괄책임자를 공식적으로 임명하고 있다.

연도	정보관리책임자 (CIO)	정보보호책임자 (CISO)	개인정보관리책임자 (CPO)
2009년	18.6%	14.6%	43.3%
2010년	18.7%	14.5%	44.8%

IT 관련 총괄책임자 임명 현황(한국인터넷진흥원, 2011)

최근 개인정보 유출관련 사고가 많이 발생하고 국민들의 의식도 높아지고 정부의 관련법제도 규제가 강화되면서 기업 내 개인정보관리책임자를 두고 있는 경우가 많아지고 있다.

한편 정보보호 전담조직을 공식적으로 운영하고 있는 기업은 14.5%이며, 개인정보보호 전담조직을 운영하고 있는 기업은 32.7%로 아직 우리 기업들의 정보보호에 대한 의식 수쥬은 낮은 편이다.

이것은 기업의 정보보호 예산 수준을 보면 알 수 있다. 기업의 36.5%가 정보보호에 대한 투자를 하고 있다. 정보보호 투자가 이루어지는 기업의 19.9%는 정보보호 관련투자가 전년

대비 증가했다고 응답하고 있으며 규모가 큰 기업일수록 정보
보호투자가 증가한 것으로 나타났다.

사실 기업정보보호의 심각한 문제 중에는 영세한 중소사업
자들의 정보보호 수준이 열악하다는 점이 있다. 기업 전체적으
로는 아직도 63.5%의 기업이 정보보호에 대해 한 푼도 투자하
지 않는다는 것이다. 이들 기업은 적어도 고객관리나 영업의 일
부분을 IT에 의존하고 있는데도 말이다. 기업을 경영하는 최고
경영자들의 정보보호에 대한 인식전환이 매우 필요한 때다.

정보보호 관리체계(ISMS)

인터넷의 급속한 발달과 함께 정보화 역기능으로 인한 기업
의 정보유출 및 금전적 손실 등의 사이버 위험도 급속히 증대
하고 있다. 이러한 정보화 역기능으로부터 기업의 사이버 위기
를 관리하기 위해 정보보호에 대한 체계적인 관리 필요성이 대
두되면서 국제적인 관리 기준에 근거한 ISMS(정보보호관리체계,

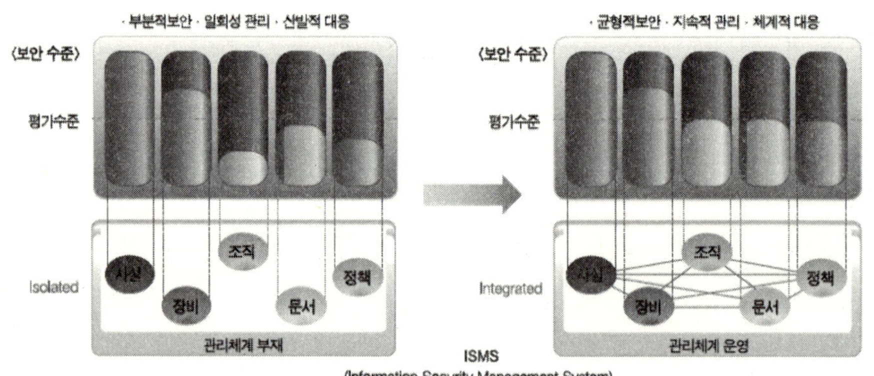

정보보호관리체계 기본 개념도(한국인터넷진흥원, 2010)

Information Security Management System)가 운영되고 있다.

ISMS는 정보통신망의 안전성 및 정보의 신뢰성을 확보하고, 조직의 정보보호 수준을 제고하기 위하여 관리적·기술적·물리적 보호조치를 종합한 보안관리체계를 수립할 목적으로 2002년 국내에 도입됐다. 이는 새로운 보안 위협 및 취약성이 점차적으로 증가하는 시점에서, 조직의 주요 정보자산을 보호하기 위해 정보보호관리 절차 및 과정을 전사적인 차원에서 체계적이고 지속적으로 관리하기 위한 노력의 일환이라 할 수 있다.

일반적으로 ISMS는 위험기반 접근방법에 기초하여 수립, 구현, 운영, 모니터링, 검토, 개선 등의 주기를 거쳐 정보보호를 관리하고 운영하는 체계로서 최종적으로 나타나는 ISMS는 정책, 책임, 계획, 절차, 시스템, 실무 등 다양한 종류의 정보보호 대책들이 유기적으로 통합된 관리시스템의 형태가 된다. ISMS 구축프로세스는 고객 및 이해당사자의 정보보호 요구사항 및 기대를 입력하여 필요한 활동 및 프로세스를 통해 정보보호 정책수립, 정보보호 관리체계 범위설정, 위험관리, 구현, 사후관리의 5단계의 관리 과정을 거쳐 수립, 운영되며, 조직 내·외부의 위험 변화와 새로운 취약점 발견 등 지속적으로 변화하는 환경에 대응하기 위하여 일회성이 아닌 지속적으로 유지 및 관리되도록 순환주기의 형태를 갖는다.

주요 선진국의 정보보호 정책 현황

미국의 정보보호 정책 현황

미국은 2001년 발생한 9·11사태를 계기로 2003년 3월, 국토안보 및 사이버안보 주무부처로 국토안보부(Department of Homeland Security)를 신설하고 사이버공간에서의 안전을 위한 대책을 추진하고 있다. 연방수사국(FBI, Federal Bureau of Investigation)의 국가기반시설보호센터, 상무부의 주요기반시설보증국 등 기반시설 보호를 담당하던 기존부서들을 국토안보부로 통합했다. 현재 국토안보부는 사이버안보 정책을 추진하면서 국립표준기술연구소(NIST, National Institute of Standards and Technology), 전미과학재단(NSF, National Science

Foundation), 에너지부(DOE, Department of Energy) 등의 타 부처 및 유관기관과도 긴밀한 협조체제를 유지하고 있다.

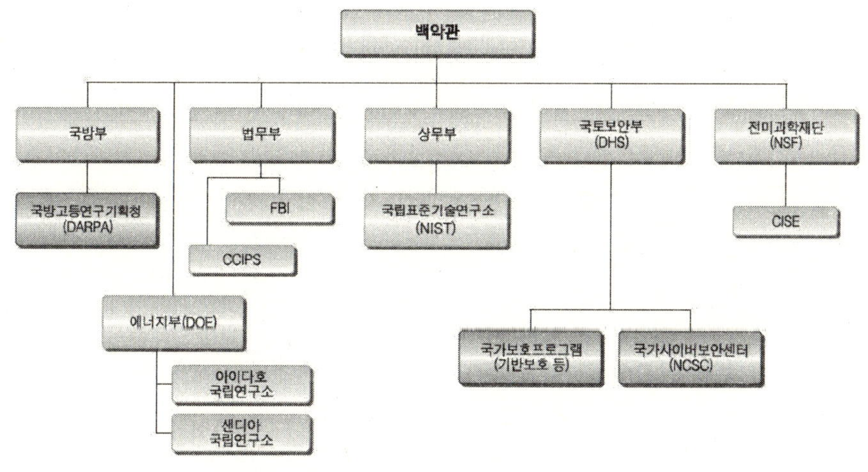

미국의 주요 정보보호 기관(한국인터넷진흥원)

2010년 5월 미국은 새로운 국가안보전략(National Security Strategy)을 발표했다. 여기서 미국은 사이버공간에 대한 위협을 국가안보의 주요 위협으로 인식하고 적대세력이 사이버공간을 활용하는 것에 대비한 전략을 제시했다. 또한 2011년 7월, 국방성이 '사이버 전략'을 발표해 사이버 공간을 육·해·공·우주와 같은 새로운 작전영역으로 인식하는 것을 표명했다.

일본의 정부보호 정책 현황

2005년 4월 일본 내각관방(총리실)의 IT전략본부는 정부의 정보보호 역할 강화를 위해 정보보호센터(National Information Security Center)를 설치했으며 IT전략본부를 중심으로 정보보

호를 포함한 정보화전략을 추진하고 있다. 또한 2005년 5월에
는 IT전략본부에 정보보호 정책회의를 설치했다. 정보보호센
터는 정보보호 정책회의의 사무국 역할을 수행하며, 정부의 정
보보호 정책 수립·추진 및 정부기관과의 업무협력 역할을 수
행하고 있다.

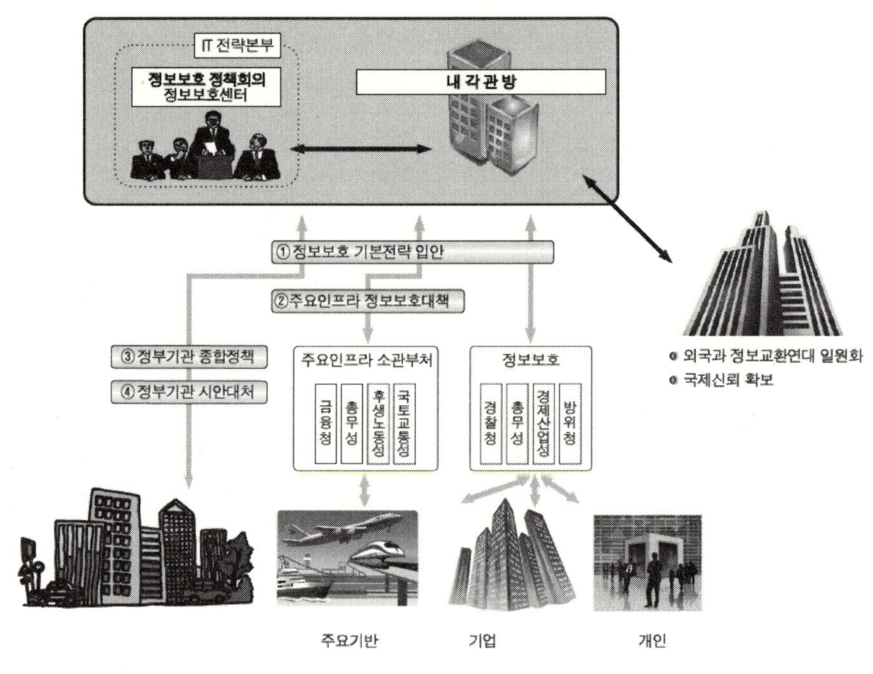

일본의 주요 정보보호 담당조직(한국인터넷진흥원)

　일본은 2006년 제1차 정보보호 기본계획을 발표한 이후 매
년 실행계획을 발표·추진하고 있다. 2009년 제2차 정보보호
기본계획이 다시 발표됐으며 정보보호의 중요성을 인식하여 정
보보호 월간행사, 정보보호의 날 선포 등 대국민 인식향상을
위한 노력을 하고 있다. 2010년 5월에는 '국민을 지키는 정보
보호 전략'을 발표하여 2013년까지 4년간 196개 정책과제를

추진하기로 했다.

EU의 정보보호 정책 현황

EU 집행위원회의 정보사회미디어총국(ISMDG, Information Society and Media Directorate-General)과 유럽네트워크 및 정보보호청(ENISA, European Network and Information Security Agency)에서 정보보호와 관련한 역할을 주도적으로 수행하고 있다. 정보사회미디어총국은 정보보호를 포함한 정보사회 및 미디어 전반에 대한 정책방향을 설정하고, 정보보호 전담기구인 유럽네트워크 및 정보보호청(2004년 3월 설립)은 중장기 정보보호 전략방향 설정, 회원국 간 긴밀한 협력, 문화진흥 등을 추진한다. 그리고 유럽데이터보호감독관(EDPS, European Data Protection Supervisor)은 회원국 기관들의 개인 데이터 보호 및 프라이버시 보호에 대한 감독 역할을 수행하고 있으며, 회원국 내 모든 기관이 데이터보호책임자(Data Protection Officer)를 지정하도록 지도하고 있다.

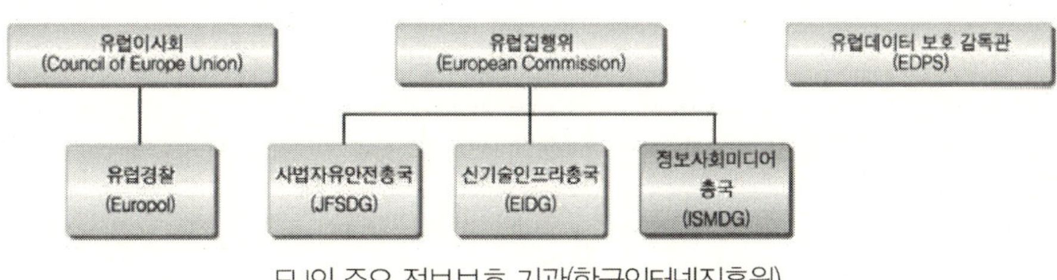

EU의 주요 정보보호 기관(한국인터넷진흥원)

EU 회원국 내 국가 중 비교적 정보보호에 적극적인 몇 개나라의 세부현황을 살펴보도록 하겠다. 영국 내각부(Cabinet Office)는 브라운 총리의 총지휘 아래 국가의 주요 시스템과 국가기밀정보 해킹에 대한 보안 정책인 사이버보안전략(Cyber Security Strategy)을 2009년 6월에 발표했다. 전략목표를 달성하기 위해 영국 정부는 사이버보안실(Office of Cyber Security)을 신설하여 정부의 정책을 전파하고 사이버보안운영센터(Cyber Security Operations Centre)를 신설하여 네트워크 침해 분석 및 대응을 신속하게 수행하게 된다. 새로운 사이버보안기관은 기존의 기관들(경찰, 법무부, 외교부, 상무부, 내무부, 국방부, 정보원, 기술전략위원회, 합동테러분석센터)과 신설기관의 유기적 연대와 효율적 임무수행을 위해 업무수행 절차를 제시한다.

또한 2010년 10월 영국 정부는 국가안보전략과 전략방어안보보고서를 발표하면서 향후 새로운 시대는 불확실성의 시대이며 이러한 시대에는 국가안보에 대한 인식을 획기적으로 전환하고 새로운 위협에 대비해야 한다고 지적했다. 그리고 이러한 관점에서 영국에 대한 안보 위협과 대응방안을 제시했다. 이에 따르면 현재부터 향후 5년간의 영국에 대한 안보위협은 위험성의 정도에 따라 크게 세 가지로 분류된다. 이 중 가장 중대한 위협군에 해당하는 것으로 테러리즘, 사이버 공격, 자연재해, 국제적 군사위기 등이 손꼽혔다. 이는 영국 정부가 사이버 공격의 위험성을 국가안보차원의 위협으로 인식한 것으로 볼 수 있다.

프랑스의 경우 2008년 6월 프랑스 사르코지 대통령이 국방 및 국가안보 백서에서 정보인프라 보안의 중요성을 역설하면서 정보보안에 대한 위협을 예방하기 위하여 새로운 기구를 설립할 것을 주장했다. 2008년 7월에는 '사이버 방어 : 국방의 새로운 전략'에 관한 상원보고서에서 정보시스템보안을 담당할 기구를 설립할 것을 재차 주장했다. 이러한 과정을 거쳐 프랑스 정보시스템보안기구(ANSSI, Agence nationale de la sécurité des systèmes d'information)가 설립됐다. 2009년 7월 국무총리 명령(décret)에 따라 설립된 정보시스템보안기구는 국무총리실의 국가보안비서실(SGDN, Secretariat general de la defense nationale)의 산하기구로서 기존의 정보시스템보안국(DCSSI, Direction centrale de la sécurité des systèmes d'information)을 대체하는 개념으로, 정보시스템보안기구의 인력은 100여 명이며 향후 3년 내에 250명까지 확충될 예정이라고 한다.

스마트 시대로의 진화와 보안위협의 증가

스마트 시대의 의미

스마트폰의 폭발적인 보급과 이용으로 다양한 분야에서 '스마트'가 화두로 등장하면서 스마트한 생활, 스마트한 일처리, 스마트한 경영이 각광받고 있다. 이와 같이 스마트폰, 다양한 모바일 인터넷 서비스, 위치기반 서비스, 증강현실 서비스 등 스마트한 서비스 및 시스템 이용 경험의 증가로 자연스럽게 회자되기 시작한 스마트 사회에서는 기존의 하드웨어적 성장모델에서 벗어나 소프트웨어적·가치지향적 성장모델로의 전환이 요구된다고 할 수 있다. 사회변화는 기술변화와 밀접한 관계를 가지고 진화해 왔다.

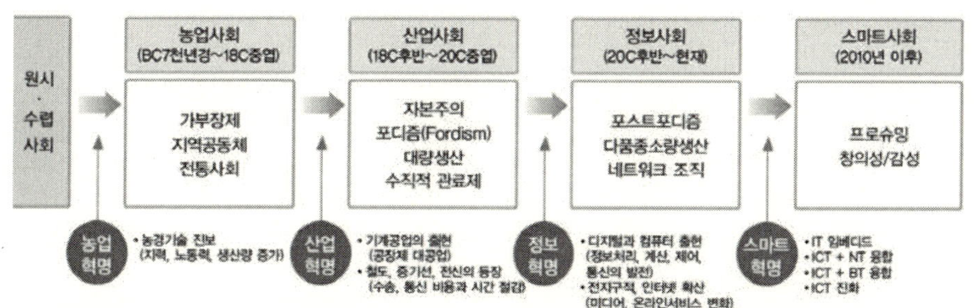

기술혁명과 사회패러다임의 변화(김성태(2011), '스마트사회를 향한 대한민국미래전략', p.19.)

산업혁명으로 촉발된 산업사회는 노동집약적인 대량생산을 통해 급속한 성장 중심의 사회를 형성했다. IT의 보급은 이러한 산업사회의 생산양식을 지식집약방식으로 전환하고 효율적 사회 구성을 추구하여 새로운 지식정보사회 패러다임을 형성하고 있다. 이러한 IT는 바이오·나노기술 등 여타 과학기술 분야와 융합하여 스마트기술로 거듭나면서 삶의 형태를 바꾸고 미래 사회구조의 변화를 견인하고 있다. 지식이나 정보가 점차 지능화되고 정보통신기술과 전통산업기술과의 다양한 컨버전스를 통해 똑똑한 새로운 기술, 즉 스마트기술로 진화한 것이다.

스마트기술은 물리적 시스템과 비물리적 시스템을 스마트화한다. 예를 들어, 자동차·가전제품·의복과 같은 생산품, 도로·전력·교량과 같은 사회 인프라, 농지·수로와 같은 자연 시스템 등 세상에 존재하는 모든 물리적인 것과 시스템·프로세스와 같은 비물리적인 것에 IT 기술을 통해 스마트한 지능을 부여하는 것을 의미한다. 위키백과에서 스마트는 일반적으로 인공지능이나 다기능 등의 뜻으로 쓰인다고 설명하고 있다. 스마트기술은 우리에게 보다 많은 편리함과 가능성을 만들어 줄 것이다.

스마트 위험사회로의 진입

독일의 사회학자인 울리히 벡(Ulrich Beck)은 근대화가 진전된 현대산업사회의 특성을 '위험사회(Risk Society)'라는 개념으로 설명했다. 과학기술의 발전으로 합리적이고 풍요로운 그리고 효율적인 현대사회는 다른 한편으로 불안과 위험, 재난과 불확실성에 노출되어 있다는 것이다. 기술발달에 의해 스스로 자기기반을 뒤흔드는 위험까지 낳았으며 원자력 위험, 생태적 위험, 유전공학적 위험 등과 같이 새로운 위험이 인류의 생존 자체를 위협하는 단계에 이르고 있는 사회를 위험사회로 설명하고 있다. 기술의 발전이 가져다주는 사회적 부(富)의 양보다 더 많은 양의 위험이 체계적으로 발생하게 된다는 그의 문제제기는 산업사회에 대한 통찰에 그치지 않고 정보통신기술의 급격한 발전에 근거하고 있는 현재의 정보화 사회에서도 유효하게 나타난다고 할 수 있다.

사이버위험사회(Cyber Risk Society)란 특히 컴퓨터와 네트워크와 같은 정보기술의 발전에 따라 대중들이 많은 혜택을 누리면서도 정보기술에 의해 등장한 다양한 역기능들과 같은 새로운 위험들에 노출되어 있는 사회를 말한다. 스마트 환경으로의 변화와 신기술 패러다임의 잇따른 등장은 정부, 기업, 개인들에게 예측 불가능한 위험을 증가시키는 사이버위험사회로의 진입을 더욱 촉진하고 있는 상황이다. 곳곳에 산재한 컴퓨터를 시간과 장소에 상관없이 자유롭게 이용함으로써 편리하고 쾌적한 정보이용환경을 구현하게 해 주는 스마트사회(Smart Society)는 동시에 예측 불가능한 위험이 곳곳에 산재한 '고도화된 사이버위험사회'로의 진입을 의미하게 된다.

고도화되고 복잡해진 정보기술이 사회시스템의 핵심 기반으로 자리 잡게 되고 이러한 기술들 간의 컨버전스가 확대되면서, 특정 기술의 약한 고리에서 발생한 위험이 도미노 현상을 일으켜 전 사회를 위기로 몰아갈 수 있는 잠재적 가능성이 상존하게 된다. 특히 스마트폰의 보급이 확대되면서 스마트폰 보안위협도 구체화되어 나타나기 시작했다.

스마트폰은 컴퓨터와 이동전화 기능이 결합되어 있고 인터넷·무선네트워크를 기반으로 한 컴퓨터와 통신환경이 거의 유사하기 때문에 컴퓨터에서와 같은 보안취약점이 잠재되어 있어 해킹의 가능성은 전용 네트워크를 쓰는 일반 휴대폰에 비해 훨씬 높을 수밖에 없다.

스마트폰 보안 취약성과 위협요인

스마트폰은 일반 PC와 비슷한 사양(CPU, 메모리, 네트워크 통신 등)으로 일반 휴대전화의 통화 기능은 물론 응용프로그램 설치 및 실행을 통해 PC와 같이 이메일, 웹브라우저 및 다양한 업무용 오피스 프로그램 구동이 가능한 단말기로, 휴대성 및 이동성이 높아 개인 및 업무용 중요 정보저장 매체, 모바일상 금융거래(은행, 증권, 소액결제 등)를 위한 사용자 인증수단으로 사용

스마트폰의 특징(한국인터넷진흥원, 2010)

되어 점차 개인화된 단말기로 진화하고 있다.

스마트폰은 PC와 유사한 구조와 기능을 가지고 있어 PC상의 운영체제, 웹브라우저, 네트워크 서비스에서의 취약점이 그대로 존재하고 있으며, 외부로부터 침투 가능한 다양한 감염경로로 인해 해킹 위협이 높다. 또한 스마트폰의 휴대·소형화는 분실 및 도난사고의 가능성을 높여 의도하지 않은 보안 위협을 낳을 수 있다. 이는 스마트폰에만 국한되는 사항은 아니나 분실 및 도난사고로 인한 개인정보의 유출 및 모바일 결제 도용은 금전적인 피해를 유발할 수 있음을 유의해야 한다.

일부 사용자들 층에서 스마트폰의 활용도를 높이기 위해 순정 스마트폰을 변형하여 사용하고 있는데 이는 안전한 스마트폰을 인위적으로 해킹 위협에 노출시킨다는 점을 일반사용자들이 인지해야 한다. 침해사고 유형으로는 개인신상정보(수신메시지, 전화번호부, 일정, 메모, 위치정보 등), 기밀정보(업무용 파일 등)를 유출하여 악용하는 개인정보유출형, 단말기 UI(사용자인터페이스, User Interface) 변경, 단말기 파손(오류 발생), 배터리 소모, 정보(파일, 일정, 전화번호부 등) 및 프로그램 삭제 등을 통한 스마트폰 이용에 지장을 초래하는 장치이용 제한형, SMS(단문메시지서비스, Short Message Service), MMS(멀티미디어메시지서비스, Multi-Media Message Service) 등 스팸문자 발송, 휴대전화 소액결제, 무선 인터넷 이용, 유료전화서비스 악용 등을 통한 금전적 손실을 유발하는 부정과금 유발형으로 구분된다.

최근 스마트폰을 감염시켜 개인정보 유출, 시스템 파괴를 일으키는 모바일 악성코드가 국내·외에서 잇따라 발견되고 있다. 해외에선 오래전부터 이러한 프로그램이 기승을 부렸는데 2010년 들어 국내에서도 '트레드다이얼(TredDial)'이라는 스마트폰 악성코드가 처음 발견된 이래로 그 변종을 비롯한 여러 가지 악성코드가 발견됐다.

스마트폰 안전수칙

우리가 사용하고 있는 스마트폰의 안전을 위해 알아 두고 실천해야 할 내용은 다음과 같다.

- 의심스러운 어플리케이션 다운로드하지 않기.
- 신뢰할 수 없는 사이트 방문하지 않기.
- 발신인이 불명확하거나 의심스러운 메시지 및 메일 삭제하기.
- 비밀번호 설정 기능을 이용하고 정기적으로 비밀번호 변

경하기.
- 블루투스 기능 등 무선 인터페이스는 사용 시에만 켜 놓기.
- 이상증상이 지속될 경우 악성코드 감염여부 확인하기.
- 다운로드한 파일은 바이러스 유무를 검사한 후 사용하기.
- 동기화 프로그램을 통해서도 PC에 있는 악성코드가 스마트폰으로 옮겨질 수 있으므로 PC에도 백신 프로그램을 설치하고 정기적으로 바이러스 검사하기.
- 스마트폰 플랫폼의 구조를 임의로 변경하지 않기.
- 운영체제 및 백신 프로그램을 항상 최신 버전으로 업데이트하기.

소셜 네트워크 서비스의 위협

소셜 네트워크 서비스는 오늘날 전 세계적으로 폭발적인 성장세를 보이고 있으며 우리나라에서도 예외는 아니다. 그러나 소셜 네트워크 서비스 이용자를 대상으로 하는 사이버위협도 증가하고 있다. 소셜 네트워크 서비스에서 공식적으로 발송한 이메일로 위장한 해킹메일이 국내에 유포된 바 있으며 메일 본문을 소셜 네트워크 서비스의 화면인 것처럼 조작하여 클릭 시 특정 사이트로의 방문을 유도하는 사례도 있었다.

특히 2010년 7월 국내 사용자가 대다수를 차지하는 소셜 네트워크 서비스를 통하여 악성코드를 유포하는 사례가 최초로 발생했다. 공격자는 소셜 네트워크 서비스에 블로그를 개설한 후 악성코드에 감염된 PC가 블로그에 접속하도록 하여 공격명령을 내리는 데 악용했다. 이는 해외 서비스뿐만 아니라 국내 서비스를 통해서도 얼마든지 악성코드 유포 등 보안문제가 발생할 수 있다는 점을 시사하고 있다.

소셜 네트워크 서비스는 스마트폰으로도 간편하게 접속할 수 있기 때문에 악성코드가 PC뿐만 아니라 모바일기기로까지 급격히 확산될 수 있다. 따라서 소셜 네트워크 서비스를 겨냥한 사이버 위협은 향후 중대한 문제로 부상할 것으로 전망된다.

모바일 보안위협

모바일 시대에 나타나는 사이버 위협의 특징은 첫째, 기존 인터넷에서와 유사한 위협이 그대로 나타나 인터넷 망에서 발생되는 사이버침해 공격, 웜·바이러스 감염, 개인정보 유출 등의 위협이 모바일 환경에서도 똑같이 재현된다는 것이다. 즉 악성코드 감염, 디도스 공격, 개인정보유출, 스팸 및 SNS 피싱 등 기존의 유선 환경의 보안위협이 동일하게 발생될 수 있다는 말이다. 2010년 초 국내 최초로 윈도우 모바일 기반 스마트폰에서 국제전화 무단발신을 유발하는 악성코드(TredDial)가 출현했으며 앞으로 이러한 피해사례가 더욱 증가할 것으로 예상된다.

둘째, 기존 유선망과 다른 새로운 유형의 모바일 보안 위협의 출현이 예상된다. 단말기에 무선랜(Wi-Fi), 블루투스, 이동통신서비스(3G), GPS통신 등 복수의 통신기능이 기본 탑재됨에 따라 침해경로가 다변화되고 있고, 이동통신사에서 SW 안전성을 보장하는 폐쇄형 관리와 달리 사용자가 직접 개발·배포하는 개방형 앱(App) 프로그램의 안전성 보장은 미흡한 실정이다. 또한 SNS의 공개 커뮤니케이션 방식으로 인하여 개인정보 유출 및 사생활 침해도 예상된다.

이러한 모바일 서비스·인프라 분야의 보안위협은 모바일 단말기, 무선네트워크 및 모바일 기반 신규서비스, 융합 콘텐츠 등 4대 영역별로 구분할 수 있다.

첫째, 사용자 및 단말기 측면에서는 기업·개인 정보유출, 부정·불법 사용, 임의조작 등을 유발시키거나 분실로 인한 위협이 있고, 둘째, 네트워크 측면에서는 무선 네트워크 전송구간(Wi-Fi, 블루투스, 3G, WiBro)에서 디도스 및 비인가 접속 등 네트워크 침해사고가 발생할 수 있고, 셋째, 응용서비스 측면에서는 모바일 클라우드 컴퓨팅, mVoIP, mIPTV, SNS 등 모바일 서비스에 대한 불법사용, 거부·오용에 대한 위협이 발생할 수 있다. 마지막으로 콘텐츠 측면에서는 모바일을 통해 유통·이동되

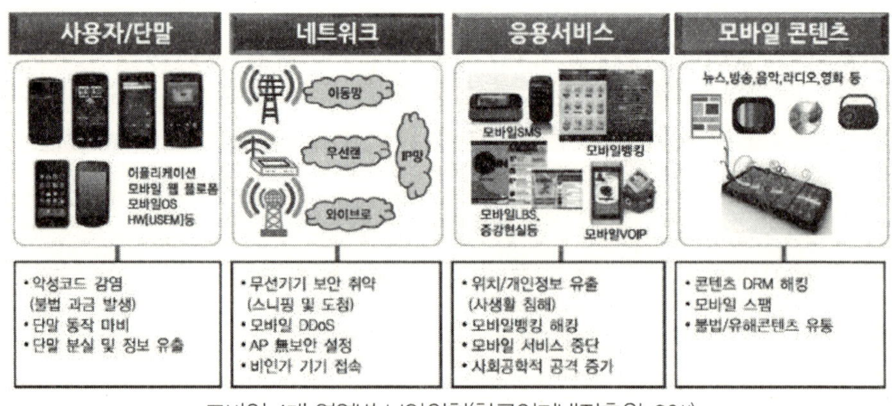

모바일 4대 영역별 보안위협(한국인터넷진흥원, 2011)

는 콘텐츠의 불법 유출·삽입을 유발하는 저해요소가 나타날
수 있다.

우리나라의 정보보호를 담당하는 주요 기관들

이제 우리나라의 정보보호를 담당하고 있는 정부 행정기관과 전문기관에 대해 알아보도록 하겠다.[11]

중앙 행정기관

방송통신위원회

방송통신위원회는 디지털 기술의 발전에 따라 방송과 통신이 융합되는 환경변화 속에서 세계 최고의 융합서비스를 누구나 즐길 수 있는 환경을 구축하여 방송통신 선진 한국의 새 길을 열어 가기 위해 2008년 출범한 대통령 산하 합의제 위원회 기구다. 방송통신 환경의 변화 속에서 이용자는 서비스의 혜택과 편의를 누리게 되지만 이와 더불어 각종 역기능과 사이버위협이 나타나고 있다.

방송통신위원회는 방송통신 환경을 더욱 안정적으로 발전시키고 글로벌 사이버위협에 신속하게 대응하여 전 국민이 안전한 사이버환경에서 생활할 수 있도록 방송통신 분야의 정보보호 관련 업무를 담당하고 있다.

또한 정보보호에 대한 정책자문 지원 능력을 제고하기 위하여 2009년 인터넷 정보보호협의회를 발족하여 급변하는 인터넷 환경에서 새로운 정보보호 이슈와 대응방안을 찾고자 노력했다. 2010년은 스마트폰 등 모바일 기기의 사용 증가로 인해 모바일 보안 대응방안에 대한 논의가 집중적으로 이루어졌다.

스마트폰 등 폭발적인 모바일 인터넷 이용 확산에 따른 잠재적 보안위협에 선제적으로 대비하고 글로벌 모바일 보안시장에서의 국가경쟁력을 확보하여 모바일 보안강국이 되기 위한 중장기 '스마트 모바일 시큐리티 종합계획'을 수립하여 2010년 12월 발표했다. 이 계획은 '3,000만 스마트폰 이용자 시대'에 대비하여 ①미래 모바일 서비스·인프라 보안품질 향상, ②모바일 이용자 프라이버시 보호 확립, ③모바일 정보보호 기반 조성을 3대 목표로 설정하고 서비스·인프라보호, 이용자 보호, 보호기반 확충 등 10대 중점과제를 추진하고 있다.

신규 서비스에 대한 보안강화를 위해 VoIP(인터넷전화)·IPTV·무선랜 등 신규서비스에 대한 보안 가이드라인 및 침해대응 기술을 개발하고 VoIP 보안통신·세션 제어 기술의 산업체 기술이전 및 상용화를 통한 산업 활성화 유도를 추진하고 있다.

정보보호 취약계층 지원을 위해 웹 취약점 점검서비스, 공개 웹방화벽 기술지원, PC원격점검서비스 등을 시행했으며 중·소규모 IT 서비스 기업의 보안 수준 강화를 위하여 취약점 점검, 위험관리, 보호대책 수립 등 기술지원을 하고 있다.

개인정보보호 분야에서는 포털 등의 주민번호 수집을 최소화하여 개인정보 유출가능성을 감소시키기 위해 아이핀의 보급을 적극적으로 추진했고 인터넷상에 노출된 주민번호 등 개인정보를 신속하게 검색하여 삭제 조치하고 있다. 2010년 1월 18일 인터넷 관련 모든 민원을 통합 상담·접수받는 118 상담전화(☎118)를 개설했다.

행정안전부

행정안전부는 정보사회 발전에 따라 증가되고 있는 사이버 위협과 침해에 대한 선제적 예방 및 대응체계를 강화하여 안전한 정보사회를 구현하고 있으며 공공·민간 등이 보유하고 있는 개인정보유출로 인한 피해를 방지하고 국민 불안감 해소를 위한 개인정보 보호체계를 강화하기 위해 법제 및 체계 정비, 관리 및 기술적 보호 강화, 교육 확대 및 피해구제 강화 등 다각적인 대책을 수립·추진하고 있다.

신종 사이버공격으로부터 국가 주요기반시설을 안전하게 보호하고 정보통신기반시설의 보안 수준을 높이기 위해 정보통신

기반위원회를 활성화하고 취약점 분석·평가 기준을 수립하여 활용토록 하고 있다. 국가기관의 사이버침해 대응역량 강화를 위해 정부통합전산센터와 지역정보개발원 및 16개 시·도에 사이버침해 대응센터를 구축하여 각종 사이버공격에 공동 대응하고 있으며 7·7 디도스 대란 이후 국가적인 사이버위기에 대응하기 위해 유관기관과 합동으로 범정부적인 공조체제를 가동하고 있다.

행정안전부는 공공·민간의 모든 영역에 적용되는 개인정보처리 원칙을 제시한 '개인정보보호법' 마련 등 개인정보보호 관련 법과 제도 정비뿐만 아니라 개인정보 관리점검 활동도 강화하고 있다. 소관기관을 대상으로 개인정보보호 수준을 진단하고 미흡한 기관에 컨설팅을 지원하고 있으며 개인정보의 주된 유출경로가 되는 웹사이트에서의 개인정보보호 강화를 위해 개인정보 노출 조기경보시스템을 구축 및 운영하고 있다.

인터넷상 주민번호 대체수단인 공공 아이핀을 개발하고 본격적인 보급에 나서고 있다. 개인정보 침해를 입은 국민들이 신속·공정하게 피해구제를 받을 수 있도록 적극 지원하고 있기도 하다. 공공·민간 통합 개인정보침해신고센터를 운영 중이며 '개인정보 분쟁조정 위원회'를 두어 개인정보 침해 시 민사상 합의를 유도하고 원만한 분쟁 해결을 지원하고 있다.

지식경제부

지식경제부는 '정보통신산업진흥법', '정보통신망이용촉진및 정보보호등에관한법률' 등에 의해 지식정보보안 산업의 육성 및 전문 인력 양성 업무를 수행하고 있다. 세계 정보보안 산업은 그동안 정보보안을 중심으로 산업이 성장해 왔으나 9·11 테러 이후 물리보안 및 융합보안 분야가 신성장 축으로 부상하고 있다. 특히 유비쿼터스[12] 사회에서는 차량·국방·의료·건설·u-물류·항만시스템 등에 대한 보안 수요가 급증하여 지식정보보보안 산업은 미래 블루오션으로 자리 잡을 것으로 전망되고 있다.

지식경제부는 세계 정보보안 시장의 흐름 및 광역화·기능통합화·융합화의 사회적 요구를 수용하여 기존의 정보보호산업을 '지식정보보안 산업'으로 새롭게 정의했다. 또한, 지식정보보안 산업을 '침해 위험 없는 유비쿼터스(Risk-free Ubiquitous)' 사회 기반 및 신시장 창출의 원동력으로 육성하기 위하여 '지식정보보안 산업진흥종합계획(Securing Knowledge Korea 2013)'을 수립하고 시장규모를 2013년까지 18조 규모로 확대 발전시킬 계획을 추진 중이다.

전문기관

한국인터넷진흥원

한국인터넷진흥원은 2009년 7월 23일 기존 인터넷 분야의 3개 대표기관인 한국정보보호진흥원(KISA, Korea Information Security Agency), 한국인터넷진흥원(NIDA, National Internet

Development Agency), 정보통신국제협력진흥원(KIICA, Korea IT International Cooperation Agency)을 통합하여 출범했다.

정보보호 업무로서는 인터넷침해대응센터 운영, 침해대응 관련 국내외 관계기관 협력체계 구축, 불법스팸 대응센터 운영 등 침해사고 대응 업무, 개인정보 노출대응 상황실 및 핫라인 운영, 인터넷상 주민번호 대체수단인 아이핀 확대 보급 등 개인 정보보호 업무를 수행하는 정보보호 전문기관이다.

특히 해킹·바이러스·개인정보침해·불법스팸 등 인터넷 역 기능 예방 및 피해구제를 위해 국민 누구나 전국 365일 24시 간 무료로 상담할 수 있는 118 상담전화를 운영함으로써 대국 민 정보보호 수준 제고에 기여하고 있다.

인터넷침해대응센터는 민간부문의 인터넷 침해사고에 대응 하고 보안업체, 인터넷 서비스사업자 등과 협조체제를 구축하 며 국제적 침해사고 대응을 위한 창구역할을 수행하기 위하여 2003년 12월 한국인터넷진흥원 내에 설치됐다. 인터넷침해 대응센터는 국내 인터넷망의 상시 모니터링을 통하여 취약점, 웜·바이러스 등 보안위협 및 인터넷 이상 징후를 조기에 탐 지·분석한 후 경보발령을 통하여 인터넷침해사고를 사전에 예 방하고 피해확산을 방지하는 역할을 수행한다.

한국인터넷진흥원은 일반인의 정보보호 인식향상 및 정보 보호 분야 산업체의 전문인력 양성을 위한 체계적인 교육지원 을 위해 2010년 'KISA아카데미'를 구축했다. 이와 함께 새로운 정보보호 교육에 대한 대내·외 요구사항을 반영하여 교육 커

리큘럼을 개발·운영하고 있다. 총 130명을 수용할 수 있는 교육장(50석 2실, 30석 1실)과 약 120명을 수용할 수 있는 세미나실, 16석 규모의 회의실을 갖추고 이론과 실습이 연계된 실무 중심의 교육을 실시하고 있다.

118 상담전화

한국인터넷진흥원의 인터넷 관련 대국민 민원접수 서비스로서 스팸, 개인정보, 해킹바이러스, 공인인증서, 아이핀 등 40여 가지 인터넷 및 정보보호 관련 민원상담 및 접수를 하나의 창구로 단일화하여 운영 중이다. 연중 24시간 상담 및 접수가 가능하다. 일반상담, 전문상담, 심층상담, 이렇게 3단계 전문상담 서비스를 제공하고 있다.

정보보호관련 자격증

정보보호 분야의 중요성이 증가하고 관련 인력의 수요가 늘어나면서 최근 정보보호 자격증에 대한 관심이 커지고 있다.

구분	명칭	구분	주관기관
국내	정보보호전문가(SIS)	1급, 2급	한국인터넷진흥원
	인터넷보안전문가	1급, 2급	한국정보통신자격협회
	정보보안관리사(ISM)	–	한국정보평가협회
	해킹보안전문가	1급, 2급, 3급, 주니어	한국해킹보안협회
	사이버포렌식조사전문가	–	한국생산성본부, 사이버포렌식전문가협회
	디지털포렌식전문가	1급, 2급	한국인터넷진흥원
국외	정보시스템보안전문가(CISSP)	–	ISC2
	정보보호관리자(CISM)	–	ISACA

정보보호 전문 자격증 현황(한국인터넷진흥원)

SIS(정보보호전문가, Specialist for Information Security)는 국내에서 시행하는 정보보호 분야의 대표적인 자격증이며 1·2급모두 국가공인자격증이다. 1급의 경우 정보보호와 관련된 보안정책의 수립, 위험분석 및 대책 수립, 정보보호 지침서 개발, 관련 법규 검토와 국제적 표준안에 대한 지식 및 적용, 보안 감리및 평가 등을 검정하며 2급은 시스템·네트워크·인터넷 등의활용기술을 갖추고 보안정책의 구현, 보안시스템의 운영 및 모니터링, 정보보호교육 및 훈련 등의 업무를 담당할 수 있도록정보보호에 대한 실무적인 이해 능력을 검정한다.

1·2급 자격을 획득하기 위해서는 모두 시스템보안, 네트워크보안, 어플리케이션보안, 정보보호론 등 4개 과목으로 구성된1차 필기시험과 정보보호 관련 단답형·서술형·실무형 문제로구성된 2차 실기시험을 거쳐야 한다.

이 외에 인터넷보안전문가와 정보보안관리사 자격증이 있으며 각각 한국정보통신자격협회, 한국정보평가협회에서 시행하고 있다. 인터넷보안전문가 자격시험은 1급과 2급으로 구분되는데 보안설정, 보안분석, 해킹방지, 서버복구 등 서버에 대한해킹에 효과적으로 대처하기 위한 인터넷 보안관련 기술력을검정하며 정보보호개론, 운영체제, 네트워크, 보안 등으로 이루어진 필기시험과 시스템 보안관리, 침해분석, 방화벽 구축, 침해사례 분석 등의 실기시험으로 구성된다.

정보보안관리사는 통신망에서 발생되는 각종 정보누출, 도청, 정보변조 등의 공격과 시스템에서 발생되는 해킹, 바이러스 등의 다양한 침해에 대비하여 인터넷과 전자상거래에서 개인정보나 거래정보에 대한 안전하고 신뢰성 있는 전달을 담보하기 위한 능력을 검정한다.

한국해킹보안협회가 주관하는 해킹보안전문가 자격증은 1~3급, 주니어 등급으로 구분하여 시행하고 있으며 등급에 따라 해킹과 보안에 대한 올바른 윤리 및 기본지식은 물론 깊이 있는 실무 및 전문지식으로 구성된 내용을 필기시험과 실기시험으로 나누어 검정하고 있다. 이 외 디지털포렌식전문가, 사이버포렌식조사전문가 등 디지털포렌식 관련 자격증이 있다.

국외 자격증인 CISSP(정보시스템보안전문가, Certified Information Systems Security Professional)는 ISC2(International Information Systems Security Certification Consortium, Inc.)에서 시행하는 자격증으로 전 세계적으로 7만여 명의 자격자를 배출했고 한국에는 2,500여 명의 자격자가 활동하고 있다. ISC2는 CISSP 외에도 SSCP(시스템보안전문가, Systems Security Certified Practitioner), CSSLP(보안소프트웨어 생명주기전문가, Certified Secure Software Lifecycle Professional) 등의 자격증도 운영하고 있다. CISSP 자격증 시험은 접근제어시스템 및 방법론(Access Control Systems and Methodology), 보안구조 및 모델(Security Architecture and Models), 암호학(Cryptography) 등 10개 영역(domain)을 평가하며 시험 대상 10개 영역에서 5년 이상의 근무경력을 만족한 경우에만 응시할 수 있다. 단 학사학위 소지 등 특정 조건을 만족할 경우 3년 또는 4년의 근무경

력으로도 응시할 수 있으며 경력 조건을 만족하지 못하는 경우에도 합격 후에 충족시키면 정식으로 자격증을 받을 수 있다. CISSP는 2000년부터 국내에서도 매년 4회씩 동국대학교에서 실시되고 있으며 한국어로 응시할 수 있다. 2005년 7월에 CISSP한국협회(CISSP Korea Chapter)가 창립되어 운영되고 있어서 이곳을 통하여 보다 자세한 사항을 안내받을 수 있다.

CISM(정보보호관리자, Certified Information Security Manager) 취득을 위해서는 최소 5년간 정보보호 분야의 근무 경력이 요구되며 그중 3년 이상은 정보보호 관리업무 경험이 있어야 한다. 평가 영역은 정보보호관리체계(Information Security Governance), 정보위험관리(Information Risk Management) 등 5개이며 전 세계적으로 1만 3,000여 명의 자격자를 배출했고 국내에는 2010년 말 기준 65명의 자격 보유자가 있다. 국내의 CISM 자격시험은 한국정보시스템 감사통제협회(http://isaca.or.kr)가 주관하고 있다.

국가보안기술연구소

국가보안기술연구소(NSRI, National Security Research Institute)는 주요 정보통신기반시설 등의 보호를 위한 기술개발 및 지원, 국가·공공기관의 정보통신시스템 및 정보통신망에 대한 사이버침해에 효과적으로 대응하기 위한 기술 및 정책의 개발·지원을 목적으로 설립된 정보보호 전문연구기관이다.

국가보안기술연구소는 '과학기술분야 정부출연연구기관 등

의 설립·운영 및 육성에 관한 법률' 제8조 제1항의 규정에 의하여 2000년에 설립된 이래로 공공분야의 사이버안전 관련 기술확보를 위한 연구개발을 수행하고 있다. 이에 따라 국가 암호기술 연구, 해킹대응기술 개발, 정보보안기술 개발 및 정책 지원, 관련 기반구축 및 지원활동 등을 통해 국가 보안기술 발전에 앞장서 왔다. 또한 국내 정보보호 및 암호학의 연구기반 강화와 국가 통신 및 전산 정보보호의 기반조성을 위하여 매년 '정보보호와 암호에 관한 학술대회(WISC, Workshop Information Security and Cryptography)'를 개최해 오고 있다.

한국전자통신연구원

한국전자통신연구원(ETRI, Electronics and Telecom-munications Research Institute) 내의 소프트웨어 연구부문 지식정보보안연구부는 1999년 민간부문 정보보호기술 개발을 위해 정보보호기술연구본부가 설립된 이래 다양한 정보보호 관련 기술을 개발하여 민간 등에 이전하는 등 관련 산업계를 선도하고 있는 정보보호 연구조직이다.

지식정보보안연구부에서는 세계 IT보안 트렌드가 '통신상의 정보보호 경쟁'에서 '생활 속의 지식정보보안 경쟁'으로 변화되고 확대되는 추세에 따라 3대 지식정보보안 영역에 대한 연구개발을 중점 추진하고 있다.

금융보안연구원

금융보안연구원(FSA, Financial Security Agency)은 2005년 5월 국내 최초로 발생한 인터넷뱅킹 해킹사고를 계기로 국민들이 안심하고 전자금융거래를 할 수 있도록 (구)정보통신부, (구)산업자원부, (구)금융감독위원회 등 정부부처가 경제정책조정회의에 공동으로 보고한 '전자금융거래 안정성 강화 종합대책'에 따라 금융부문의 정보보호 업무를 지원하기 위해 2006년 10월 설립됐다.

설립 목적에 따라 금융보안연구원은 관계기관과 상호협력 체계하에 금융부문 신규 보안취약점에 대한 상시적인 분석 및 대응 업무를 지원하고 있다. 또한 급속히 발전하는 금융 IT 환경에 적용되는 보안제품의 적합성 시험 업무를 비롯하여 금융보안 부문 연구개발 등을 꾸준히 수행해 오고 있다.

금융보안연구원은 고객의 편의성을 높이는 한편 금융기관의 중복투자를 제거하고 효율성을 높이기 위해 금융기관의 OTP(일회용 패스워드, One Time Password) 통합인증센터를 구축(2007년 6월)하여 운영업무를 수행하고 있다. 2010년 12월 말 기준으로 약 450만 개의 OTP발생기가 사용되고 있으며 OTP 통합인증센터에서 하루 평균 약 151만 건의 거래를 처리함으로써 안전한 전자금융거래 이용에 도움을 주고 있다.

금융보안연구원은 공공의 이익에 부합하는 서비스 제공차원에서 지난 2009년 7월부터 금융위원회 및 금융감독원 등과 함께 '범금융권 고객정보보호캠페인'을 펼쳐 오고 있다.

금융결제원(금융부문 정보공유·분석 센터)

금융결제원(금융ISAC)은 금융부문 정보공유·분석센터(금융 ISAC, Information Sharing and Analysis Center)다. 2010년 말 기준으로 20개 금융회사(17개 국내은행, 새마을금고연합회, 신협중앙회 및 산림조합중앙회)에 대해 실시간 통합보안관제, 정보통신기반시설 취약점 분석·평가, 위협정보 등 정보보호 관련 정보공유, 정보보호교육 등의 다양한 정보보호 서비스를 제공하고 있다. 금융결제원 금융ISAC는 금융회사에 대한 실시간 통합보안관제를 통해 해킹·피싱 등 전자적 침해시도 및 디도스 공격 등 각종 사이버공격에 대해 24시간 365일 탐지·분석하여 실시간으로 대응하고 있다. 금융회사에 대한 해킹·악성코드 유포 등 각종 사이버위협 발생 시 상황에 따라 신속히 대응조치를 수행하고 위협정보에 따라 예·경보를 발령함으로써 금융회사가 자체적으로 침해사고에 대비할 수 있도록 지원하고 있다.

인터넷뱅킹시스템(스마트폰 뱅킹 포함) 등 금융회사의 정보통신기반시설에 대한 취약점 분석평가를 수행함으로써 잠재적인 보안 위협요인을 제거하여 안전한 전자금융서비스가 제공될 수 있도록 하고 있으며 필요한 경우 현장에서 긴급 보완조치가 이루어지도록 지원하고 있다.

정보공유 서비스는 최신 보안위협 정보(신규 취약점, 웜·바이러스 등) 최근 정보보호 동향 및 각 금융회사에 대한 위협정보를 수집·분석하여 제공하는 것으로 금융회사가 최신 보안위협 요인을 사전에 인지·조치함으로써 침해사고의 발생위험을 최소화할 수 있도록 지원하고 있다.

2009년 7·7 디도스 대란이 발생했을 때 실시간 통합보안관제를 통해 디도스 공격을 조기에 탐지하고 효과적으로 대응하여 금융회사의 피해를 최소화했다. 최근에는 디도스 공격이 점차 대형화되어 가는 경향에 따라 기 구축된 디도스 공격 대응 시스템의 방어용량을 초과하는 대규모 공격이 발생할 경우를 대비하여 '금융ISAC 디도스 공격 비상대응센터'를 참가기관과 공동으로 구축추진하고 있다.

코스콤(증권부문 정보공유·분석 센터)

코스콤 금융ISAC는 금융부문 정보공유분석센터다. 2010년 말 기준으로 증권분야 금융회사(증권사·선물사, 증권유관기관 등)를 대상으로 실시간 통합보안관제, 정보통신기반 시설 취약점 분석·평가, 사이버침해 관련 정보제공 등의 정보보호 서비스를 제공하고 있다. 코스콤 금융ISAC는 70여 개 증권분야 금융회사의 사이버트레이딩 구간(방화벽, 침입탐지시스템, 디도스 대응시스템 등)에 대해 사이버위협을 365일 24시간 감시, 탐지 및 분석하여 실시간으로 대응하는 통합보안관제시스템을 2010년 10월 가동하여 운영 중에 있다.

통합보안관제시스템 구축을 통해 증권분야 금융회사를 대상으로 한 해킹·디도스 공격 등 사이버침해사고 발생 시 유관기관과 연계한 신속한 대응이 강화됐으며 상황에 따라 전체 증권분야 금융회사에 사이버침해 예보 및 경보를 발령하여 금융회사가 자체적으로 침해사고에 대비할 수 있도록 하고 있다. 그리고 디도스 공격 대응 능력 향상을 목적으로 디도스 공동 모의 훈련을 정기적으로 실시하고 있다.

전체 증권사 및 선물사와 한국거래소를 연결한 매매체결구간(IT-HUB)의 사이버침해에 대비하여 24시간 365일 실시간 보안관제를 수행하고 있으며 사이버침해사고 발생 시 총괄적인 대응을 담당한다. 취약점 분석평가와 관련하여 코스콤 금융 ISAC에서는 증권사 사이버트레이딩 시스템의 취약점 분석, 보안마스터플랜 수립 등 증권분야 전자금융서비스 환경에 맞는 정보보호 컨설팅업무와 시스템·네트워크 보안인프라 분석·설계, 모의해킹, 개인정보보호, 무선기반 모바일 보안분석 등 다양한 컨설팅도 함께 수행한다.

에필로그 : 정보보호에도 철학이 필요하다

우리 사회는 지난 20년간 눈부신 정보사회의 발전을 경험했다. 인터넷이 보급되던 1990년대 초반, 이메일이나 검색 포털은 너무도 생소한 서비스였다. 그러나 지금 우리는 버스, 지하철에서 간편하게 손에 든 정보단말기를 통해 인터넷 세상과 만나고 있다. 지구 건너편에서 벌어지는 스포츠 중계를 시청할 수 있고, 유학 간 친구의 안부나 사진을 보며 댓글도 달 수 있다. 모임에 나가면서 주변의 맛집을 검색해서 모일 장소를 결정하기도 하고 바쁜 비즈니스맨들은 그 자리에서 업무를 처리할 수 있다. 정말 혁명과도 같은 변화가 찾아왔다.

문제는 우리에게 찾아온 여러 가지 편리함에 취해서, 이 편리함이 함께 가져온 위험과 위협에는 눈을 감고 있다는 것이다. 매일 또는 매주 어김없이 알 수 없는 사람으로부터 받는 스팸메일을 그저 삭제할 뿐, 어쩔 수 없는 것으로 치부하고 만성화되고 있는 것은 아닐까? 이젠 정보보호 문제를 나의 일, 우리의 일로 생각해야 할 때다.

전 세계적으로도 정보보호는 아주 중요한 이슈가 되고 있다. 2011년 5월 프랑스에서 열린 G8정상회의에서도 정보보호문제가 주요 의제로 다루어졌고, OECD, APEC 등 국제회의에서도 인터넷의 안전한 이용에 관한 이슈와 국가 간 협력이 단골 메뉴로 등장하고 있는 형편이다. 이제 인터넷은 제2의 생활공간이다.

우리 정부나 관련 전문기관은 다양한 정책을 통해 정보보호 문제를 해결해 왔다. 물론 예산의 제약으로 모든 국민이 피부로 느낄 수 있을 정도의 성과가 나타나고 있지는 못하다. 이제는 정보사회의 주체인 이용자 개인과 기업의 노력이 절실히 필요한 때다. 이용자는 자기 스스로 생활습관같이 정보보호를 실천해야 한다. '세 살 버릇 여든 간다'는 옛말처럼 정보보호가 버릇이 되어야 한다. 기업은 기업 활동을 위해 꼭 필요한 고객정보를 단순한 정보가 아닌 고객과의 신뢰라는 것을 명심하고 정보보호에 실패한 기업은 시장에서 외면당할 수 있다는 것을 알아야 할 때다.

최근 정부는 개인정보보호법을 제정하고 발표했다. 이 법을 통해 우리 국민의 개인정보보호 수준은 한층 높아질 것이다. 다만 법이 없어 개인정보가 잘 보호되지 못한 것은 아니다. 바

꿔 말하면 스스로 알아서 실천하지 못하니 법을 만들 수밖에 없었다는 것이다. 이대로 가다간 정보사회를 위한 법들이 앞으로도 계속 만들어지게 될지도 모른다. 법은 우리의 행동을 보장하기도 하지만 제약하기도 한다.

이제는 우리 모두가 한 번쯤 숨을 고르면서 천천히 생각해 볼 때다. 우리 정보사회의 나갈 방향을, 앞으로도 쭉 함께해야 할 인터넷 세상을 말이다. 정보사회를 또는 정보보호를 너무 기술직 측면에서민 바라보면 안 된다. 그 속에 철학을 담아야 한다. 왜냐하면 기술은 수단일 뿐 인간이 그 중심에 있기 때문이다. 정보화 사회에서 발생하는 모든 사건 사고는 온·오프라인이 함께 얽혀 있다는 것이 특징이다. 해결의 실마리도 온·오프라인에 사는 우리 모두에게 있다. 기술적 문제는 해결할 수 있다. 그러나 이용자의 악의적 사용은 기술만으로는 해결할 수 없다. 조직적인 해킹이나 내부자에 의한 정보 유출 사건이 사회적인 이슈가 되고 있는 것 역시 원인은 같다.

보다 안전하고 행복한 정보사회, 스마트 사회를 만들어 나가기 위한 실천과 행동이 나로부터 시작된다는 '스마트 시대의 정보보호 행동 철학'이 필요한 때는 아닐까.

주

1) 이러한 개념은 유비쿼터스(Ubiqitous)와 같은 맥락이라고 이해하면 된다. 이용자가 의식하지 않아도 주변의 센서가 감지하여 이용자가 불편하지 않게 모든 서비스를 제공받을 수 있는 네트워크 환경이 바로 그것이다.

2) 컴퓨터 네트워크의 취약한 보안망에 불법적으로 접근하거나 정보시스템에 유해한 영향을 끼치는 행위.

3) 해커가 웹사이트나 스팸메일 등을 통해 악성코드를 심어 놓은 PC다. 마치 좀비처럼 자신의 의지와 상관없이 해커의 뜻대로 패킷 폭탄을 날린다는 의미에서 붙여진 별명이다.

4) 개인이나 기업에게 인터넷 접속 서비스, 웹 사이트 구축 등을 제공하는 회사를 말한다.

5) 보다 자세한 요령은 『정보보호 생활 가이드』에서 습득이 가능하다. 자료는 한국인터넷진흥원 보호나라 사이트(http://www.118.or.kr/) 정보자료실/교육자료/개인정보보호에서 다운로드 가능하다.

6) 인터넷상에서 전송되는 자료를 암호화하여 송수신하는 기능을 제공하는 웹 서버(웹 사이트). 개인정보 보호를 위한 가장 기본적인 수단으로 사용된다.

7) 보다 자세한 내용은 『김대리, 개인정보보호 달인되기』에서 확인할 수 있다. 자료는 한국인터넷진흥원 사이트(http://privacy.kisa.or.kr/study/index.html) 참조.

8) 저명한 기업인, 경제학자, 저널리스트, 정치인 등이 모여 세계경제에 대해 토론하고 연구하는 국제민간회의. 처음에는 '유럽인 경영심포지엄'으로 출발했으나 1973년부터 참석대상을 전 세계로 넓히고 정치인으로까지 확대했다. 그리고 다보스회의가 지나치게 배타적이라는 비판을 듣게 되자 2001년부터 비정부기구 인사를 초청하는 등 열린 토론의 장으로 만들기 위해 노력하고 있다.

9) 방송통신위원회 산하의 인터넷 정보보호 전문기관(www.kisa.kr).

10) 무료로 사용되는 프리웨어(freeware)나 일정한 금액으로 제품을 구매해야 하는 셰어웨어(shareware) 등에서 광고를 보는 것을 전제

로 사용이 허용되는 프로그램. 광고성 자체는 정당한 행위에 속하나, 정상적인 컴퓨터 사용을 불가능하게 할 정도로 무분별한 팝업 광고나 인터넷 브라우저의 시작 페이지를 고정하여 사용자의 인터넷 이용을 불편하게 하는 경우, 사용자도 모르게 개인의 정보가 제3자에게 넘어가게 하는 스파이웨어(spyware) 등이 있을 수 있으므로 컴퓨터 안전과 프라이버시 면에서 세심한 주의가 필요하다.

11) 여기의 내용은 『국가정보보호백서』의 내용을 참조.

12) 사용자가 네트워크나 컴퓨터를 의식하지 않고 장소에 상관없이 자유롭게 네트워크에 접속할 수 있는 정보통신 환경.

참고문헌

김세헌, 『정보보호 관리 및 정책』, 생능출판사, 2002.

김희철·홍춘표, 『정보보호 이론 및 실습』, 도서출판 YOUNG, 2007.

민경식 외, 『유비쿼터스 환경에서 정보보호 정책방향 연구』, 정보통신연구진흥원, 2007.

이재은 외, 『미래형 사이버범죄 대응 전략 연구』, 한국정보화진흥원, 2009.

일본 총무성, 『정보화백서』, 2011.

정보통신부, 『중장기 정보보호 기본계획』, 2007.

한국인터넷진흥원, 『국가정보보호백서 2010』, 한국인터넷진흥원, 2010.

한국인터넷진흥원, 『정보보호 실태조사 2010』, 한국인터넷진흥원, 2011.

한국인터넷진흥원, 『국가정보보호백서 2011』, 한국인터넷진흥원, 2011.

한국정보화진흥원, 『국가정보화백서 2011』, 한국정보화진흥원, 2011.

한국인터넷진흥원 발간 각종 가이드 및 안내서.

네이버 백과사전(http://100.naver.com).

위키백과(http://ko.wikipedia.org).

큰글자 살림지식총서 148

대한민국 리스크-보안편
스마트 위험사회가 온다

펴낸날	초판 1쇄 2018년 5월 11일

지은이	민경식
펴낸이	심만수
펴낸곳	(주)살림출판사
출판등록	1989년 11월 1일 제9-210호

주소	경기도 파주시 광인사길 30
전화	031-955-1350 팩스 031-624-1356
홈페이지	http://www.sallimbooks.com
이메일	book@sallimbooks.com

ISBN	978-89-522-3928-0 04080
	978-89-522-3549-7 04080 (세트)

※ 이 책은 큰 글자가 읽기 편한 독자들을 위해
   글자 크기 14포인트, 4×6배판으로 제작되었습니다.